O SAGRADO CORAÇÃO DO HOMEM

O sagrado coração do homem

MICHEL DE OLIVEIRA

© Editora Moinhos, 2018.
© Michel de Oliveira, 2018.

Edição:
Camila Araujo & Nathan Matos

Assistente Editorial:
Sérgio Ricardo

Revisão, Diagramação e Projeto Gráfico:
LiteraturaBr Editorial

Capa:
Sérgio Ricardo

Dados Internacionais de Catalogação na Publicação (CIP) de acordo com ISBD

O48s
Oliveira, Michel de
O sagrado coração do homem / Michel de Oliveira. — Belo Horizonte, MG : Moinhos, 2018.
164 p. ; 14cm x 21cm.
ISBN: 978-85-45557-45-6
1. Literatura brasileira. 2. Contos. I. Título.

2018-1565
CDD 869.8992301
CDU 821.134.3(81)-34

Elaborado por Odilio Hilario Moreira Junior — CRB-8/9949

Índice para catálogo sistemático:
Literatura brasileira : Contos 869.8992301
Literatura brasileira : Contos 821.134.3(81)-34

Todos os direitos desta edição reservados à Editora Moinhos
editoramoinhos.com.br | contato@editoramoinhos.com.br

Sumário

Antes de Deus	11
O VELHO NOVO TESTAMENTO	
Gênesis	17
A criação do homem	18
Adão e Eva	20
A tentação da mulher	22
O homem é expulso do paraíso	24
Caim e Abel	25
Noé	27
O sacrifício de Isaque	29
Êxodo ou a descoberta de si	33
Números	37
Davi e Jônatas	39
Sansão	42
Absalão	44
Teoria do Gene Fraco: a Síndrome do X Solitário	46
Jó	56
Cântico dos cânticos	60
Lamentações	63
O NOVO VELHO TESTAMENTO	
Primeira estação: o homem e seus abandonos	69
Pedro	70
Segunda estação: o homem e suas carências	73
André	74
Terceira estação: o homem e suas medidas	80
Tiago, o maior	81
Quarta estação: o homem e suas quedas	88
João	89

Quinta estação: o homem e suas vaidades	92
Filipe	93
Sexta estação: o homem e suas dores	101
Bartolomeu	102
Sétima estação: o homem e seus silêncios	107
Mateus	108
Oitava estação: o homem e suas angústias	112
Tomé	113
Nona estação: o homem e sua pequenez	118
Tiago, o menor	119
Décima estação: o homem e suas violências	128
Judas Tadeu	129
Décima primeira estação: o homem e seus desejos	133
Simão	134
Décima segunda estação: o homem e suas traições	137
Judas Iscariotes, o traidor	138
A crucificação	146
Ressurreição	151
Matias, o substituto	152
Sete dias para o fim do mundo	155
Apocalipse	160

Para Larissa Louise, por tantas coisas.

De que se queixa o homem? Queixe-se cada um dos seus pecados.
Lamentações, 3:39

Miserável homem que sou! Quem me livrará do corpo desta morte?
Romanos, 8:24

Antes de Deus

Eis que apresento um escurecimento. Anuncio a pré-verdade, de quando sequer éramos. Proclamo a invelação muda, compreendida por quem à noite se lança à vida e padece diante de muita luz. Trago esta desprofecia para que desaprendam, a fim de causar confusão e incerteza.

Ajuntavam-se num recôndito protegido por árvores de densas copas. Quase mulheres, pois ainda não eram. Por algum acidente inexplicável, traziam crias inacabadas nos braços. Ao contrário das coirmãs macacas, cujos filhos aos pelos se agarravam tão logo vinham ao mundo, os nascidos das aberrações primatas eram inaptos. Aquelas quase mulheres, movidas pelo instinto animal de preservar a vida, foram obrigadas por seus filhotes moles a esperar.

Elas se ajudavam para garantir a sobrevida da prole, que a muito custo resistia. Sem saber, as quase mulheres começaram uma profunda transformação. Desenvolveram complexas formas de contato – com as outras do bando e com as crias –, ampliando as possibilidades de comunicação primal, necessária a todas as espécies.

Passadas muitas estações, firmaram sofisticados vínculos. Elas habilitaram o prenúncio da linguagem, observaram os ciclos da Natureza, perceberam a gestação das plantas, intuíram a fertilidade do solo, dominaram o fogo, criaram os artefatos elementares, estabeleceram os primeiros ritos, se deram conta da morte com filhotes inertes nos braços.

As quase mulheres desenvolveram tantas coisas, elaboraram o cozimento do barro e a cocção dos alimentos. Criaram estratégias para capturar animais, jeitos de aquecer os corpos que se pelavam, modos de construir abrigos – formas de resistir mais.

Os machos da espécie viviam na ronda dos bandos organizados de fêmeas, comiam os restos, aproveitavam os sobejos e se apropriavam dos despojos. Apresentavam desenvolvimento menos acentuado, com linguagem e contatos rudimentares, além de utilizar artefatos defasados em relação às quase mulheres. Eram um risco, agrediam as fêmeas se sozinhas e podiam devorar-lhes os filhotes.

Em meados do verão, para que dessem cria na primavera seguinte, elas deixavam os machos se achegar – não haviam rompido com o cio e a Natureza lhes regulava os corpos de maneira ainda mais direta. Eles eram atraídos pelo viço de suas partes, que secretavam irresistível aroma.

Nas outras estações, os machos, quase iguais a hoje – homens –, treinavam entre si, subjugavam os fracos, velhos e doentes em cópulas forçadas; ou consensuais, para estabelecer hierarquia e vínculos. Igual a todos os bichos, sexo era vitória dos fortes, que perpetuariam seus genes ao despejar espermatozoides no interior de uma fêmea nos ardores do cio, ou desperdiçando-os nos deleites com outros machos.

Eles se especializaram na violência, pouco cooperavam com o desenvolvimento da espécie. Ao contrário, eram a primeira ameaça. Viviam isolados, competiam entre si, em parcerias pouco duradouras, para atacar alguma presa ou saquear o que as quase mulheres cultivavam. Mantinham-se à espreita, eram mal necessário à perpetuação da espécie.

A transformação foi lenta e gradativa. Elas, que precisavam de segurança, proteção, alimento e maior estabilidade, fixaram as primeiras colônias, plantaram sementes nos arredores de onde estavam, domaram os animais menores e esperaram que dessem crias.

Muitas e muitas gerações se sucederam, o clã das fêmeas demorava mais em suas junções, porque à medida que os corpos se transformavam – desenvolvendo novas habilidade para dominar a Natureza –, as crias nasciam mais indefesas e incompletas, o que demandava vários ciclos até estabelecer alguma independência. Os machos cresciam mais aptos, aprendendo as ações desenvolvidas na comunhão das fêmeas.

Por causa delas – já mulheres –, eles se beneficiavam, aprendiam ofícios, se apropriavam dos melhoramentos e pouco contribuíam com avanços. Apenas repetiam o que as fêmeas sempre fizeram, e como era novo saber, eles achavam ter alguma soberania ao dominar as técnicas e manejar os devaneios da imaginação. Como eram competidores de ninharias – tendo no ápice da cópula o único fulgor de existir –, passaram a se vangloriar do que não lhes pertencia.

Sobrevindas muitas lunações, eles, mais evoluídos, uniram-se para subjugar as mulheres com o que elas desenvolveram. Em suas mesquinharias, tentaram de todas as formas enfraquecê-las.

Os machos – os mesmos homens de agora – se articularam para dispersar as fêmeas, há muito mulheres. Agiram para desacreditarem umas das outras, desagregando-as de suas comunhões primais, que garantiram a existência e sobrevivência da espécie.

Dizem – de maneira cínica – terem sido caçadores valentes, que cuidaram da segurança dos clãs, quando foram o primeiro perigo. Dizem – repetidas vezes – que vieram primeiro, do barro, e que elas foram feitas de suas costelas, invertendo a ordem profunda da vida. Dizem – com insistência – que são fortes, tentam encobrir a qualquer custo que por eles nada existiria.

Que eles teimem em propagar mentiras, mas quem quiser busque o Mistério, saído das profundezas de cada célula. Ouçam-no quem ainda tem coragem de existir: a sociedade, constituída por elas, possibilitou a sobrevivência dos inúteis. E aqui estamos.

O VELHO NOVO TESTAMENTO

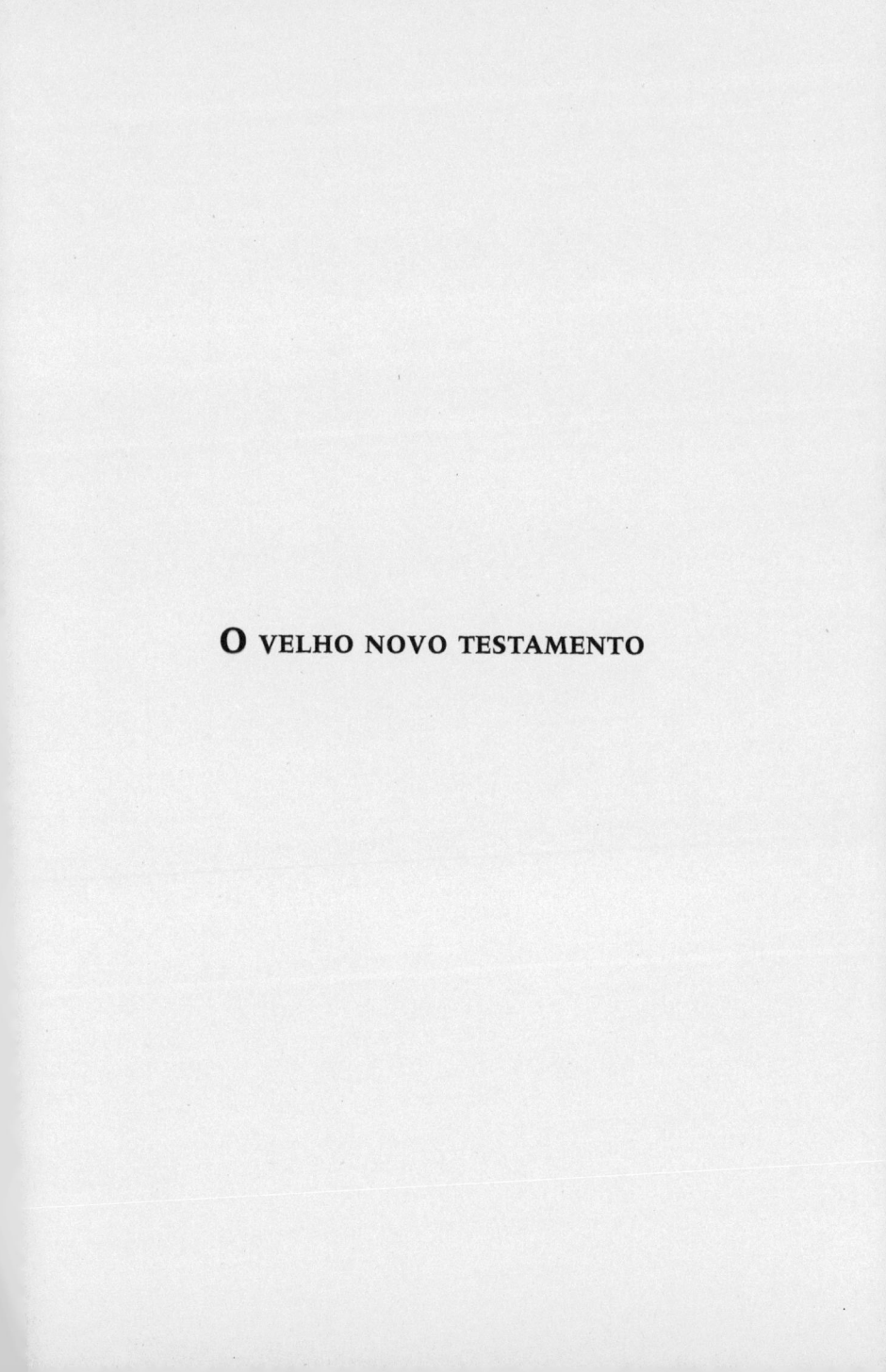

Gênesis

1 No princípio, houve o fim. O animal rebelou-se contra a Natureza e fez-se consciente da própria existência.

²Chamou-se humano: aquilo que é criação de si próprio, artificial por essência. O homem criou o homem.

³Este, ao dar-se conta da incapacidade de crescer e multiplicar, subjugou a mulher. Impôs a ela o castigo de parir muitos homens, que perpetuam-se como vírus: parasitas obrigatórios.

⁴Viu o homem que tudo o que criou lhe favorecia e pensou ser grande. Tornou-se Diabo de si.

⁵Montado na arrogância, chegou ao limite e conheceu a Morte. Assim, criou Deus.

A criação do homem

O que digo é verdade. Mais que verdade: aconteceu.

Os meninos eram muitos, incluindo as meninas, em bom português contabilizadas como meninos, para preservar a delicada masculinidade deles.

Algum dos adultos que frequentava o abrigo teve a ideia de presenteá-los com pintos: pequenos, ordinários, aberrantes como balas de goma. Seriam meros brinquedos se não fosse o fato de piar, caminhar sem pilhas e fazer cocô.

As pequenas mãos se juntaram em concha para receber a reduzida vida colorida artificialmente. Conscientes do destino, os pintos se debatiam ao sair da caixa, até serem imobilizados pelos dedos firmes e cruéis.

Ele, o menor de todos, ficou por último, ansioso à espera do pinto. A frustração logo se fez presente. Apenas um pinto rosa sobrou na caixa. Até tentou trocar com alguma das meninas. Pueris e egoístas, afeiçoaram-se maternas aos pintos verdes, azuis, amarelos, laranjas e também rosas. O escambo foi inegociável.

Riam do pinto rosa. E riam muito. Ele se sentiu diminuído, com o pinto na mão: rosa, rosa demais, quase neon, aberrante. Afronta para ele, homem, apesar de menino pequeno a mijar na cama.

Rosa foi feito para menina, e ele não acabaria uma delas por ter um pinto rosa. Homem, mesmo menino, não apresentava estrutura para ser fêmea: desvalorizado, ridicularizado e alvo das gargalhadas debochadas. Elas, longe da inocência, também riam do pinto rosa do menino.

Aquilo pesou demais, não permitiria que zombassem dele. Muito menos por causa do pinto, rosa. Odiou o pinto. Ódio que só crianças sentem. Puro, em estado bruto, sem filtros da educação. Odiava e inexistia qualquer constrangimento nisso. Pelo contrário, fervilhava certo prazer masculino por odiar o pinto.

Ele afastou-se dos olhos de chacota e das bocas escancaradas. Os outros, incluindo as meninas, brincavam com seus pintos verdes, amarelos, laranjas, azuis e também rosas.

Os pintos, sentindo-se em casa, cagavam pelo chão.

Mais alto que o burburinho dos meninos e o piado constante dos pintos, ecoou da cozinha:

– Piiiiiiiu – longo e doloroso.

Correram todos.

O pinto rosa agonizava com um garfo enfiado no cu. O menino contemplava o bicho esviscerado, finas tripas a escorrer pelo rasgo. Os outros riram com a cena, bando de hienas. As meninas também. Acharam graça no pinto rosa empalado. Sequer o susto da morte, consideravam justo que tivesse aquele fim.

Olhavam admirados para o menor, respeitosos. Ele, triunfante, sorria com caninos afiados, mãos sujas de sangue. Era homem feito.

Adão e Eva

A Natureza sabe o que faz. O humano, não contente, insiste em rebelar-se contra os desígnios do Universo. Foi sempre assim.

Ele, péssimo produtor de espermatozoides: 87,54% defeituosos. Ela, equipada com útero infantil. A dificuldade para ter filhos era grande.

– Quase impossível – o médico concluiu.

Mas estavam obstinados a conseguir.

– Só ter fé, Môr – ele incentivava.

– Sim, Môr – ela se iludia.

Tentaram, de tudo. Jogaram três embriões e vários reais no lixo. Quanto menos deu certo, mais aumentou a vontade. O desafio motiva a obstinação.

Ela nem se importava de ter passado dos 35 anos e que, caso ficasse grávida, a condição imprópria para reprodução pudesse afetar a saúde do sonhado bebê.

– Deus tá preparando um presente lindo, Môr – ele dizia, mais necessitado do filho que ela. Precisava garantir a honra de macho: gerar pelo menos um descendente, nem importava se menino ou menina.

– Vamos amar muito nosso bebê, Môr – ela se consolava, dissimulando a culpa de ser imatura por dentro. Sentia os óvulos murchando, mas o útero lá, impúbere. Necessitava mostrar que era fêmea.

Sim, teriam um filho, custasse o que fosse, de preço, tempo e paciência.

Adotar? É lindo. Está até na moda entre artistas e gente rica. No entanto, não parecia boa ideia. Ninguém sabe da procedência... Vai que... E se...
Por insistência de uma amiga, foram ao abrigo de crianças abandonadas.

Passeio comovente. Todas disponíveis, em liquidação. Tonalidades entre bege e marrom escuro, para não dizer negro – afinal, negro é coisa pesada para se dizer de uma criança. Morenas, isso, morenas. Desconfiadas, curiosas, carentes, pedintes. Olhos que não sabiam onde, nem quando. Pobres crianças, entre brinquedos velhos e roupas usadas, vivendo das sobras benevolentes. Elas próprias, rejeitos.
Caminharam de mãos dadas, vendo os pequenos filhotes. Alguns, destemidos, ousavam se aproximar e pedir carinho. Um moreninho, isso, moreno, até se atracou nas pernas do homem e gritou:
– Quer ser meu pai?
– Que lindinho, né Môr? – comentou a esposa.
– Vamos tirar um selfie com ele, Môr! – sugeriu o marido.
Sorriram. Direto para o Facebook. Várias curtidas.
Passearam pelos cômodos, olhares curiosos. Só faltou a pipoca.

Saíram comovidos, com a promessa de levar presentes no Dia das Crianças.
– Coitados, né Môr? Se criar assim, sem pai nem mãe. Muito triste.
– Sim, Môr, bem triste. Mas nosso bebê será muito amado.
Ao chegar em casa, transaram com ardor e esperança, ainda mais motivados à perpetuação dos próprios genes.

A tentação da mulher

– Em duzentos metros, vire à esquerda – orienta a voz do GPS.
Dirige tranquilo, atento aos semáforos e pedestres.
– Vire à direita.
As ruas desconhecidas, precisa da orientação do aparelho. Muitos carros por todos os lados.
– Curva suave à esquerda.
O GPS acusa nove quilômetros até o destino.
– Mantenha-se à direita para a saída principal.
Chegará atrasado, deu azar de pegar muitos sinais fechados.
– Em cem metros, vire à esquerda.
– Vire à esquerda.
– Siga em frente por um quilômetro.
Voz irritante: direita, esquerda, segue em frente.
– Curva acentuada à esquerda.
Não cala a boca a mulher, como se não tivesse nada a fazer. Pior: dá ordens, ele obedece.
– Em quatrocentos metros, vire à direita.
Insiste em tagarelar com a entonação fanha.
– Em duzentos metros, na rotatória, pegue a segunda saída. A seguir, vire à esquerda.
É de propósito, quer irritá-lo. Qual a necessidade de repetir: faça isso, faça aquilo. Ainda mais no trânsito, coisa que ela nem entende.
– Mantenha-se à esquerda.
– Curva suave à esquerda.

– Siga em frente por oitocentos metros.

Calada! Calada! Calada!

Impossível continuar assim. Mexe no GPS. Apenas uma mão no volante.

– Sinal de GPS perdido.

Claro que estava no caminho errado, agora vem se dizer perdida. Sempre assim, cheias de desculpas. Jamais daria certo botar mulher para fazer esse serviço; não sabem se situar, ficaram nas cavernas, cuidando dos filhos. Eles que saíam para caçar, tinham faro e senso de localização.

Pisa no freio. Por pouco, muito pouco, não bate na traseira do carro à frente. Tudo culpa dela, que o distraiu.

Decide tomar uma atitude. Sai da avenida e procura uma rua tranquila.

– Recalculando rota.

Estaciona. Tira o GPS do suporte. Mexe no aparelho. MENU >> MAIS OPÇÕES >> PREFERÊNCIAS >> GERAL >> AJUSTAR VOLUME.

Coloca o GPS de volta no suporte e continua o trajeto, segue a rota pelo mapa, em silêncio.

O homem é expulso do paraíso

Barriga dura com umbigo estufado. Que tormento carregar tanto peso. Sugada por nove meses sem descanso. O peste do menino sempre se remexendo, nem podia dormir.

Que sina parir. Órgãos comprimidos, pele esticada ao máximo, a ponto de estourar. Estrias como lembranças permanentes.

Cascata no meio das pernas. Bolsa estourada. Sinal para pegar a mala do bebê e correr até a maternidade. Contrações esparsas, abalos sísmicos distantes.

Marido nervoso. Dirige apressado. Xinga.

– Calma, não vai nascer agora!

Bebê sem pressa de sair.

Contrações aceleradas. Corpo a expulsar o inquilino devedor de aluguel. Arregaçada na cama, respira asmática. Como pode doer assim? Grito! Pequeno desgraçado me dilacera toda.

Sai a cabeça. Pescoço enforcado pela vagina. Falta a pior parte: ombro. Quero desistir.

– Força – ordena a enfermeira.

Respiro fundo e junto a energia que resta. Empurro tudo para fora, a ponto de me revirar do avesso. Tanta dor, nem sei se pari a merda ou caguei o menino.

Nasce envolto em todos os fluídos: lágrimas, sangue, suor, mijo e merda.

– Bem-vindo ao mundo, meu filho.

Caim e Abel

Esforçou-se em parecer feliz, mesmo com o irmão à mesa, que não descansou dos elogios tecidos pela mãe. Tivesse se resumido a isso, suportaria o almoço calado, em nada diferia do que foi sua vida: o irmão o mais bonito, o irmão o mais inteligente, o irmão o mais esforçado, o irmão o bem-sucedido.
Mastiga em silêncio quando a mãe provoca:
– Raul vai terminar o doutorado e você nem acabou a faculdade.
Engoliria com a comida ensossa, como das outras vezes, mas o sorriso dissimulado do irmão é a última gota.
– Venho nesses almoços só pra ouvir pela milésima vez como Raul é foda?
– Não seja grosseiro com mamãe – o irmão intromete-se.
Era o que faltava para transbordar.
– Cale a boca, idiota. Queria ver se fosse você, a vida inteira desvalorizado, comparado com o irmão almofadinha, de cabelo arrumado, sonso como cachorro de guarda.
O irmão ri com escárnio, e antes que feche a boca, tem a cabeça empurrada contra a travessa de fricassê.
Enquanto tenta se soltar, a mãe grita:
– Por Nossa Senhora, não faça isso com seu irmão!
A voz fina entra cortante nos ouvidos. A palavra irmão ressoa incômoda, revolve o ódio acumulado. Segura firme, afoga a cabeça no creme de frango. Possuí a única qualidade que o outro não herdou: força.
– Vocês são irmãos!

O alarde faz explodir a lava por dentro. É sangue do mesmo sangue daquele pulha, mas foi tratado como verme enquanto ele recebeu trono.
– Irmãos – repete com o interior flamejante.
O outro, mais fraco, quase desfalece sufocado.
– Largue meu filho, seu monstro! – a mãe clama aos prantos, enquanto bate em suas costas.
Então é MEU FILHO, a puta velha tem apenas um filho. Irmão, filho. Filho, irmão. Irmão filho. Filhirmão.
Detesta aquele crápula. Odeia ainda mais a mãe, por ter repartido o amor em partes tão desiguais. Se o filhirmão é o que ela ama, sabe a melhor forma de atingi-la.
A cabeça submersa pôde engolir um pouco de ar. O irmão tenta se desvencilhar, mas além de força tem ódio, torna-se imbatível.
Arremessa a cabeça contra a mesa. Pratos e talheres estremecem.
Outra pancada contra a mesa.
Um copo vira, desagua suco de manga na toalha branca.
A mãe grunhe.
O irmão agarra-se à camisa, puxa com tanta força que arrebenta parte da costura. Um botão voa e cai no arroz.
Sobe a cabeça e mais uma vez a arremessa contra a mesa. O sangue respinga no fricassê.
– Se não largar meu filho eu te mato – a mãe segura uma faca.
Sabe que ela é capaz, não ousa marretar a cabeça outra vez na madeira. Larga o irmão, que cai desfalecido.
A mãe ajoelha para acudir o filho.
Quase emociona-se com a cena: Pietá consolando o lindo rosto deformado do filho, nariz e dente quebrados. Na mesa, o almoço interrompido. Pega o pedaço de dente ao lado do fricassê ensanguentado e parte.

Noé

O policial ordena que pare a carroça.
– O cavalo será apreendido.
O homem, de poucas palavras, acostumado a lidar com os bichos, não entende o motivo.
– Promode quê?
Passou a vida pelas ruas a carregar entulho e pequenas mudanças em troca de qualquer dinheiro. Foi assim sempre, menino quando começou.
O cavalo sacode o rabo.
– É a lei.
– Que mal fiz?
– O senhor não cuida do cavalo. Dá pra ver que é maltratado.
O bicho está descarnado. Muito até, costelas à mostra. Mas maltratado não é. Gastou-se com os dias, anos puxando a carroça sem folga nem feriado. As carnes se consumiram, e os olhos embaçados não escondem o enfado.
Desatam as correias e fazem o bicho subir no reboque. Está velho, e magro, e cansado.
O homem, sem saber argumentar, observa com a goela seca.
O policial entrega a multa. Valor que não pode pagar sem o cavalo.
Ninguém assiste à cena. O cavalo segue sem relincho de despedida. Bicho assim grande não sente saudades de um homem pequeno.

Antes prendessem o homem, ao menos comeria sem humilhação e dormiria em paz. Mas levaram o cavalo e nada pôde fazer senão puxar a carroça com os braços finos.

As rodas giram lentas. Está velho, e magro, e cansado. Os ombros pontudos, ossos à mostra. A pele encolhida, queimada do sol. Arrasta a carroça com olhos embaçados. Sentirá falta do cavalo, é bicho grande, a ausência se percebe logo.

Chegará em casa sem saber o que fazer. Não precisará tirar os arreios, nem encher cocho da água. Sequer colocará corrente no cercado, para não roubarem o animal à noite.

O cavalo, sem saudades, desfrutará bem da aposentadoria.

O sacrifício de Isaque

Ao corpo morto de Guilherme Silva Neto

Medo. Sempre tive. Não podia dizê-lo, todavia. Talvez por saber onde estava.
    Sombras da noite. Entravam no quarto como se fossem me invadir. Assustado, procurei braços. Lembro: corredor, muito escuro. Apalpei azulejos frios, arrastei os pés pelo carpete até me agarrar aos corpos deitados na cama grande. Tão menino, camas classificadas em grandes ou pequenas. A minha era pequena. A deles, grande. Caí entre os lençóis. A luz acendeu e sobreveio o urro. Homem, o pai, expulsou-me aos berros:
    – Já pra seu quarto ou te quebro a cara.
    Mulher, a mãe, assistiu pálida, rosto branco de creme.
    Proibido de chorar, escorri por dentro, desfeito. Eu queria abraço. Fui envolvido pelo vazio. Voltei para o quarto tateando os azulejos ainda mais frios.
    Aprendi a não ter medo das sombras.

O mundo além da janela. Contudo, não podia conhecê-lo. Homem, o pai, dizia que dentro estava o necessário. Eu estudasse para ser o melhor, honrar o sobrenome da família e me fazer, também, homem. Na casa, homem, o pai, mulher, a mãe, e eu, sem entender o papel a mim imposto: filho.
    Fora era território de riscos, aprenderia o que não presta. Sabe-se lá qual educação os outros recebiam. Seriam má influência.
    – Não vai sair.

Eu precisava seguir o exemplo dele: correto, íntegro, respeitado.

– Espelhe-se em mim – homem, o pai, dizia.

Dava medo ser aquilo que ele era.

A vida resumida à escola, às aulas do catecismo, às missas no domingo. Nem primos se faziam confiáveis. Mulher, a mãe, consentia calada, homem, o pai, sabia o que fazer. Só na família podia confiar. Ambos, homem, o pai, e mulher, a mãe, diziam entregar amor irrestrito e, de mim, o filho, cobravam o orgulho de crescer homem de bem.

Comecei a desconfiar do amor.

Outras crianças sorriam, gritavam pela rua. Eu pairava entre sombras mudas. Tentava compreender os problemas. O mundo incógnito, desejava descobri-lo. Talvez por isso cresci tão lógico. Os números continham a resposta de algo desconhecido. Quem sabe me ajudassem a entender a projeção das sombras. Ou a medir o diâmetro da escuridão de dentro. É possível calcular essas coisas?

Homem, o pai, disse tantas vezes:

– Não.

Que eu queria na rua, com sabe-se lá quais companhias? Ficasse em casa, acompanhado pelas sombras.

– Não!

Eu deveria imitar homem, o pai, e fazer engenharia. Escolhi matemática, segundo ele, para contrariá-lo.

– Curso de vagabundo – rosnou.

Mulher, a mãe, tentou acalmá-lo.

– É o que filho gosta – argumentou em vão.

Homem, o pai, sentiu-se traído. Agredido até.

Os horários irregulares da universidade me permitiam ficar fora de casa. Homem, o pai, queixava-se. Queria saber com quem eu andava, o que fazia.

Apesar de pouco sociável, conheci pessoas. Ao conhecê-las, descobri outros pedaços do mundo. Nesses pedaços, o que eu não possuía: liberdade. A lógica era insuficiente para explicar por qual motivo eu precisava me submeter às regras de homem, o pai. Não faziam nenhum sentido.

Questionei homem, o pai. Na realidade, nem questionei, expus o que pensava. Não era o que ele acreditava. Foi afronta e desrespeito. Eu não podia pensar, ser livre. Homem, o pai, disse que não o provocasse. Ameaçou dar jeito nas minhas ideias tortas. Que eu pensasse como ele, a única razão aceitável. Meu comportamento era indecoroso.

– O mundo está perdido.

Eu, ao manter contato com o lado de fora, estava me perdendo também. Caía no canto dos vagabundos, esses que vivem para destruir os valores da sociedade, com muito custo erguidos e mantidos pelas famílias de respeito. Não eu. Não seu filho. Ou me tornaria homem, como ele, ou daria um jeito. Minha cabeça fraca não o faria desonrado.

Criança é tão ingênua. As sombras causavam medo quando o verdadeiro terror estava na escuridão de dentro. Corria pelo homem, o pai, como piche. Sempre a lustrar-se de honra, como quem engraxa sapatos. Queria o mesmo de mim. Tentei parecer com homem, o pai, cobri-me de preto. Foi insuficiente, no entanto. Exigia mais. Também homem, eu, o filho, deveria produzir asco e fel. A vergonha para homem, o pai, era que me faltasse conduta. Precisava de valores elevados, honrar as calças que vestia, homem, o pai, vociferava. Eu não queria ser aquilo.

Filho dele não ia se misturar com bandidos que invadem o patrimônio, destruindo os bens das famílias de bem. Não eu, o filho.

– Está proibido de participar da ocupação.

Homem, o pai, saiu de casa. Avisei mulher, a mãe, que iria à universidade. Ela, angustiada, nada podia fazer.

Viro a esquina quando o carro se aproxima. Caminho rápido. As rodas do carro me seguem. Homem, o pai, que na infância me entregou berro no lugar de abraço, atinge-me a distância. O primeiro disparo invade a perna.

– Não, pai!

Aperta o gatilho. A picada metálica acerta a mão.

– Não, pai!

Passos mancos pela calçada cinza. Escorro para fora num sangue comunista, vermelho e quente.

– Pai!

Homem, o pai, sai da armadura de ferro e cospe duas balas para me livrar da perdição. Dentro dele, o piche se revolve denso e escuro. Homem, o pai, quer matar a vergonha em mim. Homem, o pai, mata meu corpo. A calçada dura e áspera. Homem, o pai, ajoelha sem pedir perdão. Em honra à honra, depois de imolar o bode, sacrifica-se como cordeiro, para expurgar meus pecados. Homem, nunca pai, dispara contra si. Asperge sobre mim o sangue de homem.

Tenho só este átimo em que tudo acaba. O corpo do homem cai em abraço sobre mim. É tarde. Meus braços, inertes, não podem corresponder.

Êxodo ou a descoberta de si

Marcou consulta por causa da coceira. Foram dias em que a agonia aumentou. Particular, conseguiu ser atendido no dia seguinte.

Menor que o de costume ao ser apalpado, encolhido, tímido, assustado. A coceira só candidíase, o que pouco importava. Antimicótico resolvia fácil. O problema mesmo era a causa.

– Estreitamento de prepúcio.

Descobriu que sua normalidade era aberrante. Capuz de pele estreito sufocando a cabeça. Ponta em botão, pequena rosa nunca desabrochada.

– A postectomia é obrigatória.

– Postec?

– Tomia. Cirurgia pra retirar o excesso de pele.

O pau retraiu, percorrido por sensação desagradável de bisturi tocando a pele sem anestesia. Teria pedaço de si arrancado e logo de local tão sensível.

– Alguma alternativa?

– Não.

Nem exercícios na infância resolveriam o caso, classificado como grau 1: o mais extremo.

– Seu pênis veste 44, mas está preso em calça 36 – o médico riu, como se houvesse qualquer graça.

Saiu com a cirurgia marcada. A coceira, resolvida com comprimidos, sequer pomada passaria no estreito orifício.

Rezou. Teve medo. Muito medo, aliás. Imaginou-se castrado. Amava-se tanto para ser rasgado assim. Quis desistir. Era tarde. A bunda suava sobre a maca. Estava ridículo com avental verde-bebê.

A enfermeira desinfetou a zona a ser operada. Algo frio, mas menos desconfortável que ser manipulado por mãos estranhas. Estava exposto. Ela por certo considerou o pinto feio, mais escuro que o resto do corpo. E se achou muito pequeno? Supôs que a enfermeira ria atrás da máscara.

Feita a faxina, médico em ação. Espetou a agulha e lá embaixo começou a amortecer. Enquanto fazia efeito, pontilhou a marca do corte. Destino traçado.

A anestesia local impediu qualquer sensação. No entanto, saber-se cortado gerava grande incômodo. Pior foi se controlar, sem mexer. Vontade de sair correndo. Arrependeu-se por ouvir o médico e não ter optado pela anestesia geral.

A pele fina e tenra cedeu fácil à lâmina. Excesso retirado como aparas de lápis. A tímida glande rosada despontou à luz, assustada por perder o esconderijo. O médico alinhavou a borda recortada, bainha de acabamento questionável.

"Onde vai parar meu prepúcio?" Angustiou-se ao perder pedaço sem despedida.

Repouso de algumas horas, logo liberado. Caminhou como se carregasse almôndegas na cueca. Os pontos fisgavam, picada de saúva vermelha a qualquer contato. Precisou desenvolver a habilidade de iogue para diminuir o desconforto.

Ao abrir a cueca, a ínfima múmia repousava quieta.
O incômodo aumentou. Pontos latejando, quentes. Lembrou da medicação. Passou a tomar os remédios na hora exata. Não esperaria aquela dor gritar outra vez.
Quando tirou o curativo, sobressalto. Cabeça roxa, asfixiada com tanta costura. "E se apodrecer?" Coração sapateando, ligou para o médico.
– Tenha paciência. E nada de ereção durante 30 dias.
Após o banho, spray anti-inflamatório. Voltou a envolver o pequeno. Cuidado maternal ao colocar a gaze.

Na segunda noite, insônia. Ecoava: "Nada de ereção." Temeu dormir, ser assaltado pelas pornografias na cabeça, acordar duro, pontos arregaçados, sangue vazando e ele a morrer, menstruado pelo pau. Quando teria a vida de volta? Poder se divertir um pouco batendo uma depois da faculdade?
Apesar de mumificado, não estava morto. Reagiu ao pensamento da punheta. A invasão de sangue repuxou os pontos. "Não!" Resgatou as mãos da enfermeira mexendo no saco caído com luvas de látex frias. Lembrou do bisturi extirpando o capuz de pele. Esvaziou rápido.
Os dias de recuperação seriam mais difíceis do que imaginou.

Os pontos começaram a cair. Tudo dentro do previsto. Ou quase. A glande exposta mostrou-se hipersensível. O contato com a cueca causa frisson. Mesmo depois que toda costura se desfez, continua esquiva. Qualquer toque a eriça.

Está exposto e nada pode fazer. Desabrigado. Considerou péssima ideia ouvir o médico. Óbvio que não viveria bem faltando pedaço de si. Qualquer carícia parece agressiva. Os toques sempre violentos. Quer apenas o prazer de poder afagar o próprio ego. Encher as mãos de si e voltar a se sentir forte e inatingível. Mas está tão vulnerável.

Incapaz de lidar com tanta sensibilidade, resigna-se pálido. Cabeça baixa, ressecada, sem brilho.

Ainda não sabe, mas as asperezas o agredirão muito por estar exposto. O corpo reagirá tecendo pele grossa, rude, quase indiferente.

Números

A masculinidade está ameaçada. As políticas públicas, o sistema midiático e até a escola – que adotou a ideologia de gênero gayzista feminazi – empenham-se em destruir o heroico legado construído por mãos fortes e viris.

Os homens não sabem o que fazer, as investidas para destruí-los são reais e impositivas. Muitas mulheres cobram que seus maridos ajudem nas tarefas domésticas e a cuidar dos filhos. Tudo é assédio e estupro, eles não podem distribuir cantadas ou se aproveitar de garotas bêbadas em festas.

Pesquisas recentes confirmam a destruição do patriarcado, o enfraquecimento da virilidade e a heterofobia. Os impactos na autoestima masculina provocam sérios danos à saúde, aumentando o índice de estresse e os ataques de histeria. O ódio ao homem atingiu patamares alarmantes, como pode ser visto no compilado de dados a seguir:

- A cada 10 minutos, 0 homem é agredido por mulheres;
- Entre 2010 e 2020, foram registradas 0 mortes por heterofobia;
- De cada 5 homens, 0 ganha salários menores por ser homem.

A pesquisa realizada pelo Movimento Brasil Macho (MBM), que ouviu homens de todas as capitais, incluin-

do o Distrito Federal, apresenta outras informações relevantes sobre o tema:
- 0,00034% dos entrevistados são interrompidos quando tentam expressar opiniões ou explicar assuntos;
- 0,003% têm medo de ser estuprados quando saem de casa;
- 0,022% sofreram agressão verbal ou assédio no trabalho por serem considerados inferiores;
- 0,045% foram repreendidos pelas parceiras por causa da roupa que vestiam;
- 0,061% já tiveram medo de ser espancado ou morto pelas companheiras;
- 45% dos entrevistados foram agredidos por mulheres [levaram palmadas da mãe quando criança];

Os dados são alarmantes, é preciso que a sociedade se mobilize e o poder público imponha medidas legais para contornar essa situação.

Se você é vítima do ódio contra os homens, não se cale. Ligue para 190 ou vá à delegacia mais próxima, uma equipe especializada, de homens de verdade, estará a postos para acolher e ouvir sua queixa.

Davi e Jônatas

Viado. Viado mesmo, desses bem bichas. Bicha das que não se escondem. Desmunhecado todo e foi assim desde pequeno, quando brincava com as bonecas da irmã.

Aos 13, apanhou tanto do pai que pensou na morte. E morreu.
 Acabou na rua, estampado de hematomas.
 Pariu-se, cortou laços com a família, linda instituição cristã de amor irrestrito.
 Passou fome. Vendeu-se barato e levou tapa na cara de homem casado nas esquinas do Centro.

Com 16, surrado e comido pela vida, carregava outra estrutura. Ria alto e dava de dedo na cara de quem se atrevesse a qualquer ousadia.
 – Viado!
 – Bote na rádia pra aumentar meu sucesso.
 Em meio à chirria nas ruas, mandava beijos e acenos. Era bicha, ia fazer o quê?
 Viado, viado mesmo, desses bem bichas, estão no limiar do incógnito. Sabe que não é mulher, nem quer ser. Também não pode se dizer homem. É viado, única definição cabível, ainda que indefinida.

O escracho esconde tantas cicatrizes. O riso alto silencia muitos medos.

Resguarda um sonho: casar. Nada de véu e grinalda, e chuva de arroz, e valsa nupcial, e padre, e convidados falando mal da comida. Casar: quando duas pessoas gostam do sabor da outra. Às vezes três ou mais, a depender do casamento.

Sonha em ter alguém para ir ao forró no final de semana. Homem para amar como gosta de picolé de mangaba: que acalme o calor; comido, chupado, lambido devagar; que pinga e lambuza tudo com visgo que cola na boca.

Casa pobre, no bairro afastado, contas divididas com outra bicha. Amigas de festas e de xingamentos. Irmãs até. Família que deu para ter, dupla, ambas expulsas do mundo normal.

Pessoas, se pudessem, jogariam Baygon nas duas bichas e matavam todas elas. Que incinerem os viados, vermes que rastejam pelo pecado. Te amo em Cristo, irmão. Deus é amor.

Vivem, as duas, a adular imaginações fêmeas, desenham no abandono o homem ideal, aquele que chega e arrasta a felicidade. Que diz eu me amo e traz flores. Macho sem frescura, que quer futebol no domingo e arrota em agradecimento à comida sempre pronta. A suar nos lençóis e sujar o sofá para dar utilidade à esposa. De peito largo, peludo, moreno, coxas grossas e que coçam o saco. Bom de cama, dos que entram sem bater e vão fundo, preenchendo o vazio com o ego inflado.

Homem assim, ideal, desses que só existem na ilusão.

A dividir a mesma casa, mas a se sentirem sozinhas. Carentes de contato que não seja tapa. Sempre tão pró-

ximas, a se acudir em qualquer agonia. São só elas, e tudo o que têm é isso. Amam-se. Mas amam ainda mais as próprias fantasias.
– Bicha, a gente só não tem sorte no amor, né?
– Não, mulher. Viado nasce mesmo é pra sofrer.
Algumas possibilidades são tão óbvias, que nem dá para enxergar. Poderia dar certo se tentassem. Ou não.

Sansão

Vê este homem à sua frente?

Lábio superior, olho, dentes caninos, orelha, cílios, molares, outro olho, lábio inferior, mais uma orelha, dentes incisivos, língua, água, sangue, ossos, pele: um rosto.

Percebe que ele está triste? Observe, respira por acidente e nem se dá conta disso. Gotículas invisíveis, voláteis pelo ar. Está triste ou cansado? Farto, talvez.

Conseguiu adentrar a tristeza do homem? Ele está à sua frente, você consegue, ao menos uma vez, prestar atenção além do próprio reflexo?

Veja como o homem ajeita os cabelos, quer cobrir a escarpa óssea descampada. Poucos e finos fios, que os dedos do homem desfiam, tentativa de fazer véu que oculte a falta.

Aproximou-se da dor do homem? Nem chega a ser dor, mas angústia pelo irremediável. A essa altura você sabe que o homem está em queda. O corpo se desfaz no precipício de existir. Sequer chegou a ser velho e se deteriora aos tufos. O homem se perde de si, em fios que se soltam pelo caminho e não mais brotam.

O homem é terreno infértil, incapaz de nutrir bulbos e raízes, que o protegiam de estar exposto. Agora é homem em erosão, qualquer vento arrasta pedaço.

Entenda, se conseguir esquecer por dez segundos que seja o próprio egoísmo: o homem está se desmanchando. Ele sabe: impossível replantar o que se perdeu. O homem é uma devastação, você tem noção do peso disso sobre seus ombros de ossos e incertezas?

Por favor, não repita esse pensamento outra vez, o homem pode ouvir e ficar mais fragilizado. Explico com calma: não é só cabelo, mas perda, queda, prenúncio de inverno. Está a cair, consegue tocar nisso?
Observe como o homem tenta encobrir-se. Ajeita o resto com os dedos. Ele é frágil, muito fraco, tem medo, e agora está ainda mais vulnerável, despe-se dos pelos e se mostra nu. A cabeça do homem é uma pornografia, pele exposta, pouca, colada no crânio.
Ele não sustenta as próprias ideias. Caem e o homem se desertifica. Vemos ele assim, em frente ao espelho, a se dissimular. Poderíamos abraçá-lo, mas o homem não deixa, é infantil, orgulhoso e tem medo. Homem é bicho que se assusta fácil, e quanto mais medo, mais perigoso. Na tentativa de se proteger, pode ferir fundo.
Assim, carregando a angústia da queda, ah, é bicho arisco. Na fraqueza ele encontra força, se enche de ira. Tomado pela vertigem de cair, sai a derrubar tudo. Cego de ódio, só por querer proteção, o homem mata e morre. Ele é fraco, ainda que leve nos músculos potência de destruição.
Olha o homem, insiste na tentativa de encobrir-se. Não foi treinado para ser aberto, precisa estar blindado, fechado, preso, contudo agora tem entradas. O homem está à mercê. Deseja passar desapercebido, mas quando a pessoa tem entradas, muitos são os que invadem o descampado.
Veja, pela última vez: o homem joga o cabelo para a frente, alvoroça os fios com os dedos. É impossível conter a queda. Afasta-se do espelho, pega o boné ao lado da cama, protege-se e sai.

Absalão

Na adolescência, ao escrutinar o próprio corpo para saber se suscitava desejos, percebeu as bonitas pernas que o sustentam: grossas, carnes firmes, pelos finos a forrar a superfície feito relva nova.
Passou a usar shorts curtos, para exibir o que de mais bonito possuía. E não que o resto do corpo fosse feio, apresenta aparência bastante aprazível, inclusive, mas as pernas, ah... as pernas... As olhadas na rua eram frequentes, de mulheres e homens, atraídos pelas colunas esculpidas com apuro.
Fizesse calor ou frio, em dia de chuva ou de sol, estava com os shorts na metade da coxa, de preferência justos. O comprimento variava pouco, mudava apenas o material, para condizer com a estação: no verão usava os de tactel, no inverno preferia os de moletom.
Manhã, tarde ou noite, em casa ou na rua, na universidade ou na balada, pernas à mostra. Era tomado por profunda irritação quando precisava usar calça, sentia-se aprisionado pela roupa.

Como saía sempre com os mesmos amigos, como circulava pelos mesmos lugares, como cruzava com os mesmos desconhecidos na rua, atraía cada vez menos os olhares. Tornou-se apenas o rapaz de short curto, motivo de riso até, por andar com as pernas desnudas nos dias frios.
Por ser homem a se sustentar nas pernas, teve a estrutura abalada quando passou a não ser notado como

antes. Reagiu com shorts mais curtos, começou a correr e a andar de bicicleta para modelar as carnes já bem entalhadas.

O esforço foi vão. Ainda que apresentasse pernas ainda mais bonitas, a escassez de elogios continuava igual.

No peito brotou certo amargor, motivado pela indiferença de ser ignorado mesmo com pernas perfeitas. E a amargura cresceu como pigarro de tosse sem muco, seca e persistente. Idiotas, como viam tamanha beleza sem se encurvar e venerá-lo?

Fosse um pouco inteligente, ele compreenderia que a beleza precisa ser preservada: objeto de veneração, exposto em determinadas ocasiões, quando se faz o centro das atenções e provoca em quem olha o gozo de existir. O que se expõe demais desgasta, torna-se banal, seja extrema beleza ou exagerada feiura. Os olhos acostumam, e costume é comida de casa, não se dá muito valor, por melhor que seja.

Tivesse apenas uma dose de perspicácia, ele saberia que ocultar suscita o desejo, não exibir. Mas era só um homem de pernas bonitas, que jamais caiu em si, apesar de tropeçar nos próprios pés.

Excerto apócrifo

Teoria do Gene Fraco: a Síndrome do X Solitário

Charles Darwin concluiu que o mais adaptado sobrevive. Na espécie humana, as leis da evolução deixaram de valer. Entre homens e mulheres, a regra é outra: o mais escroto sobrevive. Ao menos essa é a defesa do geneticista lituano Vyras Beždžionė, que provoca furor ao considerar homens como o verdadeiro sexo frágil. Por causa de sua polêmica teoria, foi expulso da Vilniaus Universitetas. Continuou ministrando aulas públicas até ser ameaçado de morte pelo grupo radical KCET, sigla que traduzida significa Homens de Bem Defensores da Ciência. Teve o pedido de exílio atendido pela Grécia, agora vive numa colônia de feministas radicais na Ilha de Lesbos. À beira-mar, passa os dias escrevendo sonetos eróticos e esboçando seu novo ensaio sobre o amor nas sociedades matriarcais. Em entrevista exclusiva ao Portal Ptolomaico, o cientista atira farpas para todos os lados.

PP: Muitos acusam seu trabalho de não científico. Como se defende dos críticos?
Beždžionė: Só tentam negar aquilo que é, e provar a existência do que não é. Todas as acusações à teoria só atestam sua validade. É incômoda por expor verdades que os pesquisadores escondem. A Academia é falocên-

trica, tudo o que vai de encontro às crenças masculinas é silenciado. Há pouca Ciência sendo produzida, o que vemos são tratados do óbvio. Se algo é aceito pela comunidade científica, é certo que não há Ciência ali. As universidades se tornaram centros de catequese e setores de produção da indústria capitalista. A crença religiosa foi substituída pela profissão de fé em outro deus monopolista: a Ciência, que apesar do nome feminino, não passa de manipulação autocentrada do masculinismo. Fartei-me da camaradagem hipócrita de congressos e conferências, então decidi tornar público descobertas feitas por diversas pesquisadoras e pesquisadores. Meu trabalho foi compilar e dar corpo à Teoria do Gene Fraco.

PP: Quais são os postulados da teoria?
Beždžionė: É uma ideia simples, com implicações bastante complexas. Os genes fracos são os que mais brigam para se perpetuar. A regra é a seguinte: o gene fraco, por se saber fraco, utiliza estratégias de dominação para subjugar o gene forte. Este, por ser superior e não querer entrar em combate, submete-se aos artifícios dos genes fracos. Acaba o forte subjugado ao fraco, que mantém o suposto poder por meio de rígidas estruturas, envolvendo, inclusive, ações violentas. Violência resultante da profunda angústia de se saber fraco. A resistência, ainda que muitas vezes resignada, atesta a supremacia do gene forte. O gene fraco, submetido às mesmas situações que impõe, não resistiria. Por isso a homossexualidade masculina é tão incômoda, os homens se veem na posição que infligem às mulheres, sujeito aos próprios desejos que, eles sabem, não são bons.

PP: Como isso se manifesta?

Beždžionė: Os genes fracos podem ser observados em todas as sociedades. Mas dois exemplos são notórios para compreender como se apresentam. O primeiro é racial; o segundo, de gênero. Os brancos são exemplo claro de como se dá a ação do gene fraco. Basta observar as dinâmicas instituídas nas sociedades caucasianas. Há extremo medo de tudo o que vem de fora. Por isso o protagonismo bélico e a cultura de dominação, que sempre buscou subjugar as demais etnias. A escravidão dos povos africanos atesta o recalque do gene branco, que é fraco. O gene negro é sempre dominante. O cruzamento de um alemão com um zulu resulta em descendente mais próximo do zulu que do alemão. O mesmo se dá com orientais, indígenas, aborígenes, esquimós. Todas as raças são superiores à branca. Se misturar dois genes fortes, como um japonês e um jamaicano, o descendente será um híbrido que apresenta características dos dois. Mas, no caso do branco, não. Por isso toda a reação agressiva para continuar puro. O racismo, com todas as outras etnias, é atestado da fraqueza do gene branco. Como resposta social a isso, vimos absurdos, a exemplo do nazismo, que buscava preservar o gene branco com a perpetuação parental entre os iguais. Os levantes xenofóbicos da sociedade globalizada também são resultado do temor do gene fraco. Com as fronteiras do mundo desfeitas, o branco corre risco de extinção, por isso tanto medo.

PP: Essas questões são no mínimo polêmicas, não?

Beždžionė: Polêmica é o nome dado ao óbvio que se tenta negar.

PP: O senhor falou que além do exemplo racial, a Teoria do Gene Fraco pode ser observada na questão de gênero. Pode exemplificar?

Beždžionė: Fiquei empolgado e esqueci do exemplo que pode ser percebido em qualquer etnia e justifica, inclusive, os embates interraciais, pois grupos de homens tentam compensar a força que não têm desafiando outros homens. É o que chamo de Síndrome do X Solitário. No princípio, todos os organismos eram fêmeos. Elas se dividiam gerando seres idênticos, até algum acidente genético mudar o curso da reprodução e surgir a divisão binária, desencadeando a reprodução sexuada. O macho é deformação da fêmea. Os mamilos se mantêm como atestados das fêmeas que deram errado. O pênis é só um clitóris aberrante; os testículos, ovários modificados. Os genes masculinos são fracos em relação aos femininos. Elas são XX, agregam duas porções em uma. É como se o gene fosse elevado ao quadrado. O duplo X tem a ver com multiplicação, existe em si mesmo a ponto de se desdobrar. Já os homens são XY. O cromossomo X isolado se torna inseguro, invasor, não se sustenta. Do ponto de vista genético, mulheres podem se autorreproduzir, mas só gerarão como descendentes outras mulheres. Por isso as pesquisas sobre clonagem, frisson dos anos 2000, caíram no esquecimento. Ou melhor, foram suspensas e os resultados abafados pelos cientistas, homens, em sua maioria. A manipulação genética provocaria a extinção masculina, as mulheres passariam a se reproduzir sem necessidade de espermatozoides, voltando a gerar apenas fêmeas. Seria o fim da Era Cristã.

PP: Essa explicação é bem acadêmica. Como podemos perceber isso na prática?

Beždžionė: a Síndrome do X Solitário é fácil de ser identificada. Basta observar os comportamentos ao redor para perceber como a masculinidade é sensível. Se homens de todo mundo tentam subjugar mulheres, é por saber da potência infinita que elas carregam. Aí repete a regra da teoria: os mais fracos e menos desenvolvidos se mobilizam com violência e dominação. O inteligente e forte, por suportar maior carga e ter a existência baseada em princípios não violentos, se submete ao julgo injusto daqueles que deveriam se submeter. Uma das características do gene fraco é sempre formar grupos. É a lei do cardume: mil sardinhas se juntam para assustar um tubarão. Basta observar quem forma bandos para identificar os genes fracos em uma sociedade. Perceba como homens agem, como se organizam, e tire suas próprias conclusões, seja nos estádios, na política, nos bares, nas forças armadas, em todos os lugares.

PP: Então a Teoria do Gene Fraco serve como álibi, uma vez que as ações estão condicionadas aos genes. Não?

Beždžionė: Acima dos genes estão as escolhas. Foi isso que fez o humano. Se fosse só a questão genética, até hoje estaríamos relinchando pelas savanas, em vez de buzinando dentro de carros. O gene fraco não pode ser usado como desculpa para justificar ações desmedidas e violentas. Pelo contrário, se a sociedade busca tanto hierarquia e ordem, deve começar por respeitar a supremacia dos genes. Enquanto o fraco quiser ser dominante, haverá uma série de desajustes. Cabe a brancos e homens aceitar o papel secundário e auxiliar. Mas não creio que isso vai acontecer.

PP: Não por acaso, sua teoria é acusada de racismo reverso e misandria. O senhor parece nutrir profunda aversão ao branco e ao masculino. Não se incomoda com isso?

Beždžionė: Ferreiro não pode reclamar da ferradura que não usa. Brancos criaram todas as teorias racistas nos bancos das universidades europeias, agora querem dizer que sofrem racismo reverso. Seria engraçado se não fosse trágico, porém algumas pessoas de fato acreditam nisso. Não sei se por déficit de inteligência ou de caráter. Bem, no fundo é só manifestação do gene fraco, não me causa espanto. Com relação a ser misândrico, talvez o seja, e não me importo. Nesta sociedade misógina, em que homens matam mulheres todos os dias sem nenhuma punição, ser misândrico é questão de honestidade. Em termos práticos, já que é necessário vestir algum rótulo, prefiro me classificar como misantropo autofóbico. Se faço tais afirmações, é como estudo de caso. Denuncio a mim mesmo e me exponho, estou farto da humanidade. O ser humano não suporta existir, nunca se perdoou por ter deixado de ser animal. Quando a Natureza passou a não ser perigosa para o humano, os homens se tornaram a maior ameaça da espécie.

PP: Eu, enquanto homem, branco, sinto-me agredido por sua teoria, pois coloca todos os homens e brancos em um mesmo patamar, como se fossem iguais e precisassem ser responsabilizados pelas desgraças do mundo. Você também é homem e branco, como se defende das próprias acusações?

Beždžionė: Quando convém, o branco alega que são todos diferentes. Na hora de obter privilégios, diz que são todos iguais. O eterno oportunismo do gene fraco. Com relação à sua questão, não me defendo. É isso mesmo: todos os homens estão no mesmo patamar, se algum escapa é aberração, inclusive deve sofrer sérias sanções por isso. E, óbvio, homens devem ser responsabilizados pelas desgraças. Não conheço nenhum fato histórico que tenha destruído ou destrua a vida das pessoas comandado por mulheres. No máximo, raras ações pontuais em resposta a ataques prévios. Nada comparável às catástrofes de grandes e pequenas proporções provocadas por nós, homens, seja a bomba atômica ou a destruição afetiva na família. Eu também sou homem e branco, portanto também responsável. Posso falar isso, inclusive, por ter esses privilégios. Muitas mulheres dizem coisas mais contundentes há séculos, sem serem ouvidas. Sou igual a você e a todos os outros, pronuncio-me como traidor, para corroer por dentro. Assim, talvez ajude a derrubar alguma coisa. Você, homem branco, sentir-se agredido só mostra a pertinência da teoria. Estamos acostumados a gritar, bater e fazer calar quando algo nos atinge. É só resposta à masculinidade irritável do gene fraco. Saber o que dói na gente é fácil. Difícil é saber o que da gente dói no outro. E homens, em especial brancos, não se importam com as dores do mundo, pois são os causadores da maioria delas.

PP: Se sua teoria for válida, o que justifica outras etnias e mulheres coadunarem com o comportamento do gene fraco?

Beždžionė: As teorias não dão conta do todo, mas de parcelas observáveis. Aliada à Teoria do Gene Fraco tem todas as outras, da Física, da Química, da Psicologia, da Sociologia e da Antropologia. Como já disse, os genes são apenas parte da formatação do indivíduo e da sociedade. O que vemos é a tentativa de soberania do gene fraco há séculos. Tanto tempo que os genes fortes sequer se dão conta de sua supremacia. Uma dona de casa morre achando que não fez nada na vida, quando na realidade foi responsável por sustentar tantas outras vidas inúteis, incapazes de lavar os pratos em que comeram. Além da vulnerabilidade genética, tem a fraqueza de ser humano, que vem antes de tudo. Então é assim: o gene fraco repete à exaustão para se convencer que é forte. O gene forte, de tanto ouvir, acaba acreditando que é verdade. Como ninguém quer ser fraco, submete-se ao julgo imposto e sustenta essa estrutura insustentável. A lógica é simples, apesar de trazer implicações complexas. Repita para um idiota que ele é herói e morrerá empunhando espada. Diga ao forte que é fraco e ele padecerá raquítico.

PP: Suas ideias são muito pessimistas. Incitam o ódio entre as etnias e colocam mulheres contra homens. Não seria mais viável defender uma sociedade em que todos pudessem ser iguais?

Beždžionė: Vamos por partes. Otimismo é fábula criada pela Disney para entreter crianças da classe média. Quem fez e faz alguma coisa pela humanidade sabe que pensamento positivo não muda nada sem ação. Ou acha mesmo que o mendigo embaixo do viaduto está lá por ser pessimista? Mendigos são tão otimistas e esperançosos que teimam em existir mesmo em condições adversas. Isso que chamam de otimismo é só fabulação ruim, sequer instiga a imaginação e a criatividade. Vejo a teoria como muito otimista, ela me faz rir ao pensar que os homens podem desaparecer. Com relação a incitar ódio, em que mundo vive? Temos a maior potência mundial destruindo tudo com tanques e mísseis. Todos os dias, mulheres, gays, negros, povos nativos e pobres são mortos em nome de Deus, de Alá, da defesa da moral e do dinheiro. Milhões passam fome enquanto há comida para alimentá-los sendo jogada fora. As grandes corporações farmacêuticas engavetam descobertas de remédios baratos por não serem rentáveis para a indústria. Vivemos em um mundo que é preciso comprar água. Existe coisa mais absurda que vender água? Todos rosnam sua frustração de existir no Facebook e no Twitter. Mas eu sou acusado de incitar o ódio? Os sentimentos ruins escorrem pelo mundo sem canalização há eras. Sentimos o mal-estar da civilização falida e sabe quem está por trás disso tudo? Homens. Com relação ao último questionamento, igualitária a sociedade nunca será, pois o humano é desigual. No entanto, é possível garantir que as pessoas tenham espaço para os próprios desajustes. Tratam a sociedade como blocos de empilhar, para isso, tentam aparar arestas e deixar todos enquadrados. Porém, a estrutura que parece mais adequada é próxima de um quebra cabeça, cujas peças se encaixam no desencaixe do outro. Igualitária a sociedade nunca será, mas poderia ser justa ou, ao menos, ajustável.

PP: Na sua concepção, o que diferencia um homem e uma mulher além da questão genética?

Beždžionė: É homem aquele que, de tão fraco e inútil, rasga carnes por não saber tecer. Mulheres são tecelãs por vocação. E não falo de imposições de gênero, mas de uma consciência profunda. São elas que fiam a vida, com cordão umbilical que dá origem a todos os tecidos. Depois de tecer o dentro, começam a alinhavar por fora, com seus tricôs, crochês e crivos. Como entendem a origem da trama, são também exímias em fazer remendos, em atar cortes, estancar ferimentos e arrematar suturas. Sustentam o insustentável, e ainda dão de comer a tanta fome e carência com as próprias tetas. Só não estamos piores porque mulheres insistem em fazer a limpeza diária das podridões do mundo. Elas, que choram suas dores e as dores da humanidade, ainda acham esperança para ter filhos e consolar suas cólicas.

PP: O senhor acredita que é possível um homem não ser machista?

Beždžionė: Pode um cão deixar de latir e cantar ópera? Nem é preciso responder. No entanto, o contrário é possível: quem canta ópera pode latir. Ao humano, ainda são possíveis escolhas. Respondendo sua questão de maneira direta, só existe uma coisa para um homem não ser machista: deixar de ser homem. Deixar de ser homem consiste em repensar todo o conceito de homem. Não basta mudar superfícies e aparências, é preciso mexer nas estruturas. Enquanto isso não acontecer, qualquer ação dos homens redundará em machismo. Contudo, em vez de repensar os próprios equívocos, eles se juntam em bando para deslegitimar as ações feministas, batem, estupram e matam. Então torço para que mulheres geneticistas retomem as pesquisas sobre clonagem e que os genes fracos sejam, enfim, extintos.

Jó

– Que bonitinho – diziam quando apertavam as rechonchudas e rosadas bochechas.
Vivia a fazer gracejo para ganhar biscoitos, balas e outras guloseimas como recompensa. Adestraram-no assim: uma gracinha, uma comida.
– Vem cá pra eu te apertar, fofinho.

Na adolescência, as coisas mudaram, e nem foi por causa do bigodinho, ou dos primeiros pentelhos e pelos no sovaco. O que motivava elogios, tornou-se alvo de gozação. Passou a ouvir imperativos: feche a boca, faça regime, tome vergonha na cara. E se antes queriam apalpar sua fofura, ninguém se aproximava, não para tocar em seu corpo de forma carinhosa. Em vez das bochechas, apertavam, sem permissão, os mamilos que cresceram além da conta.

Em frente ao espelho, empurrava os mamilos para dentro e imaginava como seria se não fizessem alarde na camiseta do colégio.

Com os primeiros sinais de ansiedade, passou a comer além da fome. Por alimentar-se demasiado, a consequência foi óbvia: aos 15 anos, era o de maior diâmetro da escola. Sempre o último a tomar banho na aula de educação física, nunca ficava sem camisa, na frente de quem fosse, e nem era devido às tetas, visíveis mesmo quando estava vestido; por causa da estampa de estrias vermelhas na barriga. Pareciam aranhões provocados por um tigre, mas foi a pele que cedeu aos excessos.

A mãe, responsável por treiná-lo no hábito da comida, reconfigurou-se como principal algoz:

– Se continuar comendo feito uma porca gorda, acabará sozinho.

O incentivo materno ajudava a expandi-lo. Com 18 anos, encaixava dois no corpo de um. Ainda que fingisse ignorar, os comentários sobre seu peso eram sempre invasivos. Ele nunca se aproximou de alguém para dizer como era ridículo por fazer selfies, nem se metia na vida das meninas que vomitavam o lanche no banheiro da escola, ou dos meninos que tomavam bomba para alargar os braços. Mas pessoas, inclusive desconhecidas, se achavam no direito de chegar a ele e dizer o que bem entendessem. Saíam ilesas, mesmo que devesse apertar os inconvenientes entre as tetas, até que desfalecessem sem ar, entalados na própria intromissão. Assim aprenderiam que, de fato, gordura mata.

Do tanto que ouviu, internalizou as vozes alheias como suas. Passou a ser acometido pela ideia de que precisava emagrecer. Queria ser como os outros meninos: sarados, atléticos, pegadores. Ninguém dizia a eles o que fazer, pelo contrário, recebiam elogios e incentivos, ainda que seus músculos servissem para nada.

Foi ao nutricionista, começou a dieta e matriculou-se na academia. Também passou a correr por conta própria, todo final de tarde.

Descobriu a chatice de fazer dieta. Acostumou-se a descontar tudo na comida, tirar seu único prazer tor-

nou a existência irritadiça. Mas logo vieram os elogios da mãe, que se dizia orgulhosa ao ver o filho:
— Cuidar da saúde.
O meio elogio foi incentivo para continuar. No primeiro mês perdeu oito quilos, o que não fazia muita diferença às vistas, para autoestima, no entanto, configurava grande conquista.
— Cada vez mais lindo — ouvia da mãe, mesmo que não sorrisse tanto quanto antes.
No lugar de chocolates e salgadinhos, shakes. Em vez de balas, comprimidos termogênicos. Quanto menos gordo ficava, mais saudável, diziam, ainda que vivesse com coração em corrida de 100 metros rasos, acelerado pela cafeína e taurina. Quanto mais infeliz e sem prazer, aumentavam os elogios. Tornou-se exemplo de motivação e força de vontade quando diminuiu a calça em seis números.

Um ano e quatro meses depois, quando atingiu a meta dos 76 quilos, descobriu que foi enganado: não se metamorfoseou em um dos outros meninos. No lugar de músculos salientes, sobras que o faziam parecer um boneco inflável murcho. A pele que vestia não era para aquele corpo que se diminuía para encaixar na pequenez dos outros.
Estava uma bexiga estourada. Rosto cansado e flácido, tetas mais caídas, o conteúdo de dentro não esticava a pele e as estrias ganharam maior relevo. Poderia continuar a se mutilar, remover o excesso epidémico e ganhar outras cicatrizes, porém, entendeu: foi feito gordo, que podia fazer?

Compreendeu que precisam costurar peças em números maiores, em vez de passar por aquilo só para entrar num jeans e ocupar menos espaço nos olhos desocupados de pessoas com tempo livre suficiente para cuidar da vida alheia.

Voltou a comer por prazer, tomado por certo despudor lascivo.

– Meu filho, você voltou a se matar?

Foda-se. Que golfasse açúcar e suasse óleo. Decidiu e fez: não mais.

Em seis meses, recuperou o que perdeu. No lugar de tentar esconder as tetas, estufou o peito para exibi-las. Quem quisesse, se alargasse para compreendê-lo. Se não, paciência.

Compreendeu ser possível existir com prazer. Se a vida pesava, não era por causa da gordura, mas por efeito da gravidade, que tenta derrubar a tudo que ousa incidir além do chão. E estando recomposto de conteúdo, resistiria com mais força e melhor humor.

Daqueles meses magros, preservou o hábito de ir três vezes por semana à academia. Não que procurasse qualquer finalidade estética, queria apenas queimar algumas calorias para viver muitos anos e poder comer mais.

Cântico dos cânticos

Esposo
Oh, linda minha,
infindos deleites encontro no seu regato.
Liquefaz-se para saciar minha sede.
Resvale seu orvalho em meus pelos,
desague em mim feito torrente.

Quero mergulhar em suas profundezas
e perder-me no oceano de seu corpo.
Inexiste maior prazer que encontrar-me em ti.

Esposa
Romualdo, querido,
lave a louça.

Esposo
Ah, que fiz eu para merecer tamanha delícia?
Se há qualquer adjetivo maior que mulher, desconheço.

Pelas manhãs, recebo seu cuidado,
ao ser desperto com o sopro do amor.
Ela, que em seus braços sustenta o mundo,
cuida de mim como filho.

A ti, amada, devoto meus dias, sonhos e medos.
Quero estar contigo até o fim,
como homem e filho.

Esposa
Romualdo,
a louça!

Coro
Em briga de marido e mulher,
ela quem lava a colher.

Esposo
Fiz-me poeta ao vislumbrar sua beleza,
que entra por meus olhos e me completa.

Todo eu sou você;
não existo sem teus cuidados,
amada minha.

Dos homens, sou o mais venturoso,
por encontrar o amor de tão devota mulher.
Deveras me encanta com seus talentos
e muito me farto das suas delícias.

Hei de amar-te
até Saturno.

Esposa
Romualdo,
quantas vezes tenho que gritar?
A louça!

Esposo
Tudo o que sou depende de ti.

A completude dos meus dias
se faz por seus cuidados.
Levanto-me disposto,
sei que de ti sugarei a vida.

Ah, mulher minha,
sua lealdade me faz homem.
Por isso te entrego meu canto,
meu amor, meu encanto.

Esposa

Romualdo,
a porra caralha da louça,
filho duma égua!

Esposo

Oh, bem-amada,
tu és burra de carga,
jumenta que me sustenta.

Devoto a ti total afeição.
Teço esses versos como pagamento,
por ser esta que acolhe, alimenta.

A louça acumulada na pia
não é capaz de apagar esse amor.

Lamentações

Deus, como não compreendo Sua grandeza, ajude-me a entender, ao menos, minhas limitações. Que é o homem? Angustia-me não ter resposta, sem saber que é o homem, torno-me incapaz de estar em mim.
    Vi um homem descalço, dormindo sobre colchão sujo. É ainda homem? Sim, era um homem descalço. Homem, ainda que descalço. Estar descalço faz dele menos homem? Ou estar calçado faz de mim aquém do homem? Importa estarem calçados ou descalços, ou que sejam pés? Talvez o homem se defina por ter pés, estejam no chão ou resguardados em sapatos. Mas não, ainda que faltem pés, continua a ser homem. Então o homem não se faz de completude. Mesmo a faltar pedaços, é ainda homem.
    Que é o homem?
    Ser homem é algo quantificável, pode ser muito ou pouco homem. Pode até não ser homem, mesmo sendo.
    Como posso dormir sabendo que tantos homens passam fome? Como me dignar de viver achando que sou melhor que os outros? Será o heroísmo o pior fracasso? É a vitória a mais vergonhosa das derrotas? A custa de quantas tristezas é feito o riso de quem carrega medalhas?
    Ajude-me, Deus, que é o homem? Que sou eu?
    Vi homens na esquina: um gordo, outro muito magro, um alto, ao lado um bem pequeno, um quase branco e ainda outro um tanto negro. Todos diferentes, no entanto: homens. Que é o homem? Se não é feito de

diferenças, muito menos de igualdades. São tantas as desigualdades, Deus. Como pode? Sei que são elas consequências das escolhas dos homens, contudo, que pode o homem fazer do próprio destino? Serão todos culpados ou todos inocentes? Não há um justo sequer, oh, Senhor, de forma que se faz injusto que alguns ganhem boias e outros se afoguem.

Será o homem feito de sua dor? Ou será homem aquele que causa dor? Ajude-me a encontrar respostas, não há maior agonia que desconhecer a si mesmo. Tu, Deus, podes bradar: Sou o que Sou. A mim, resta questionar: o que sou? São os homens a sobra de Ti ou atestados de Sua incompletude?

Miserável é o homem, digno de qualquer desgraça que lhe sobrevenha. Ao julgar-se especial, despreza o próximo, torna-se vil, cheio de gordura nos olhos. Baba violência e ganância.

Senhor, livra-me do castigo de ser homem. Inexiste qualquer dignidade em ser isso o que sou. Por qual motivo submeteste-me à situação tão lastimosa? Oh, Senhor, que posso fazer para livrar-me da pena de existir homem? Nada me resta senão clamar: livra-me de mim.

Ouço a voz dizer: amaldiçoa a si mesmo e morre. Mas tenho medo da morte, Deus. Ainda sem entender que é a vida, e por mais incerta que seja, desconhecido é o fim. Que posso fazer para diminuir a pena do castigo de existir?

A limitação me impede de ter conclusões próprias, por isso rogo: ajude-me a compreender o que sou. Lamento a cada manhã por minha ignorância. Na madrugada, não durmo, atormentado por tantas questões. Ou pior, talvez não suporte minha própria existência. Por isso rogo misericórdia e peço piedade: que é o homem?

Se o homem for sua incompletude, por qual motivo busca tanto ser o que não é? Quão ridículo é ser homem? Como posso levantar o rosto sendo isso o que não sou? Há perdão para meus delitos? Quais pecados carrego? Serei sempre esse que nunca acerta? É o homem um erro?

Responda, Senhor, para que eu não fique desamparado. Pode me ouvir? Por que tanto silêncio? Deus!

Tu és homem, Deus?

O NOVO VELHO TESTAMENTO

Via-crúcis do macho

Primeira estação: o homem e seus abandonos

Nem mesmo Deus, em sua onisciência, onipotência, onipresença e amor infindo, cuidou do próprio filho. Abandonou Maria grávida, à mercê, como fizeram – e fazem – tantos outros. José repetia: pai é quem cria. Jesus, iludido com promessas, falava do poderoso Pai, dono de todas as coisas, que nunca apareceu nos aniversários ou o acompanhou nos campeonatos de futebol.

Homens deixam a toalha molhada em cima da cama por não serem obrigados a cuidar de nada. Deixam as toalhas e os filhos. Apenas partem, sem qualquer consequência.

Homens são incapazes, inclusive, de cuidar do que amam. Alguns acabam decepados por sequer lavar o próprio pinto.

Pedro

1 O gel frio pinga em gotas pesadas. Desfibrilador no peito. O médico autoriza. Descarga elétrica estremece as carnes.
²1989: anunciou a gravidez.
³– Nem é meu – o homem disse.
⁴Ela chorou algumas lágrimas, juntou cacos de orgulho, alinhavou rasgos de esperança, colocou pouca roupa numa mala e foi embora. Nas entranhas, o menino.
⁵– Aborte e ficaremos juntos – o homem falou antes de ela partir numa noite de inverno.
⁶ – Não – era a vida que crescia dentro de si e ela a queria.
⁷Carregou sozinha o peso da vida. Tentou manter a cabeça altiva, mesmo quando atingida pelos olhares de julgamento, e não foram poucos.

2 Tórax pressionado pelo médico. Nenhuma reação. Outra tentativa. Nova carga no desfibrilador.
²1990: ligou para o homem. Precisavam registrar o menino.
³– Esse filho nem é meu – ele repetiu.
⁴O papel só com o nome dela. No lugar do pai, ausência dissimulada pela sequência de traços.
⁵Apegou-se a Deus. O Pai de todos ajudaria a criar o menino mesmo com pouco. Tão pouco que só com muita fé. Acreditar até mesmo quando não cria, por insistência. Ou por não haver alternativa senão teimar.

⁶Ao filho, devotou tudo do pouco que possuía. Ele foi sua realização no amor. Único amor possível, com todas as dores.
⁷Evitava pensar no futuro, tinha medo. Diziam que medo era para os sem fé. Por isso ela fingia coragem, ainda que muito temesse.
⁸Como criar o filho, sozinha? Ela, mulher. Sabia que certas coisas homens só aprendem entre si. Os iguais tecendo a própria sina. Preocupou-se que faltasse a seu menino o necessário para se tornar homem.

3 Mais uma tentativa. Ordem para aumentar a carga do desfibrilador. Disparo.
²1997: ligou outra vez para o homem. Pediu ajuda. Por causa da carestia, atrasou a escola do menino.
³– Nem é meu filho – declarou seco.
⁴O menino cresceu rápido, cheio de ímpetos e certezas.
⁵– Não tenho pai – gritou quando a mãe propôs que ligasse para o homem. Tinha nove anos e a clara consciência da vida. Ao menos do que era a sua vida.
⁶Apegada a Deus, trabalhou em casa de família para o menino continuar estudando.
⁷– É a única coisa que ninguém toma de você.
⁸Ele ouvia as palavras da mãe e se dedicava à escola. Devotou a fé nos estudos. Ser bom aluno, para ir à faculdade e mudar de vida.

O menino no meio dos doutores

[9]O filho de beca, homem feito, preparado para ser engenheiro.

[10]– Tive que ser mãe e pai – ela comentou entre lágrimas.

[11]– Mãe em dobro, pai eu não tive.

[12]O filho foi feito igual ao homem, até mesmo na teimosia. Tivessem se conhecido, conversariam sobre coisas de homem, aprenderia a fazer pipa e não teria vergonha de ficar sem camisa.

[13]Mas era filho sem pai, como tantos outros.

A exclamação de uma mulher

[14]Ela mandou a foto da formatura para o homem. Queria que soubesse que conseguiu, mesmo sozinha.

[15]Quando abriu o envelope, assustou-se. Aquele rapaz era ele jovem. Seu filho. Sim, seu filho. Nenhuma dúvida.

[16]Ligaria para ele. Recuperariam o tempo perdido.

[17]Olhos cheios de lágrimas. Cabeça tomada pelo remorso. Coração acelerado com tantas emoções.

[18]Veio o aperto no peito. A vista escureceu. O corpo desfaleceu no sofá. Sentiu os braços dormentes e pensou no filho: abraçaria o menino, já homem.

[19]O monitor cardíaco gritou em agudo som. Os altos e baixos se fizeram linha.

[20]A mulher de branco. Foi a última coisa que viu. Ela se aproximou e fechou seus olhos.

Via-crúcis do macho

Segunda estação: o homem e suas carências

Homens podem envelhecer, mas apenas dois, em mil, alcançam algum estágio de maturidade antes de morrer. Nisso as pulgas são mais evoluídas: ovo, larva, pupa, adulto. Quando chegam à fase final, as pulgas estão aptas para realizar a função a qual foram destinadas. Não há pulgas incompletas, pulgas irresponsáveis, pulgas que chegam atrasadas aos compromissos, ou pulgas que envergonham as outras pulgas.

Homens não, podem até evoluir enquanto corpo, mas a alma se desenvolve como setor à parte. Na maioria dos casos, serve de almoxarifado para guardar tralhas. Muitos têm corpo hábil para levantar pneus de trator e balançar cordas de navios no cross fit, porém são inaptos à vivência em sociedade, seja para acalmar o filho que chora ou resolver qualquer problema afetivo. As pulgas, elas são mais evoluídas.

André

Acorda de susto, com o baque no vidro. Coração acelerado. Levanta sem se espreguiçar e vai à janela. O filete de sangue parece escorrer no ar, mas flui na transparência da vidraça. O pardal, ainda quente, inerte no parapeito.
Teria se suicidado?

No ônibus, a caminho do trabalho, tenta esquecer o acontecido. Teria o pardal se suicidado? Para de pensar nisso... Pardal se suicidado? Para de pensar nisso... Se suicidado? Para de pensar.

Foca na importância do dia: chegará ao escritório e será cumprimentado pelos colegas. Eles demonstrarão felicidade fraterna por sua existência e o presentearão com algo sem muito valor, repartido entre a turma. Alguma tia velha ligará, lembrando como foi criança gorda nas fraldas e que agora é homem feito, a tomar conta das próprias indecisões.

Surpresa mesmo terá se algum colega das antigas, do curso de contabilidade, aparecer no apartamento depois do expediente. Ou talvez até receba convite para jantar fora. Presente ou carta, deixado na caixa dos Correios, também será bem-vindo. O que vale é ser lembrado no dia que marca sua chegada ao mundo.

Esquece a imagem do pássaro morto. Distrai-se olhando pela janela. O mundo passa acelerado, feito filme antigo, só que colorido. Lá fora, o córrego. Vê uma grande capivara tomando banho de sol, acompanhada de entulho e lixo.

Entusiasmado, olha para os lados. Quer saber se alguém notou a capivara. Os passageiros, imersos na apatia, concentram-se nas telas dos celulares. Uma velha lê autoajuda. Um garoto, farda da escola e mochila, dorme com a cabeça encostada na vidraça. Ninguém se importa com a capivara ao sol.
    Ninguém se importa. Ninguém.

Chega alegre ao trabalho, ainda com cheiro de sabonete. Dá bom-dia à recepcionista. Ela responde com bocejo. No elevador, imagina a reação dos colegas com sua chegada.
    Entra sorrindo. A sala, vazia. Mais uma vez, é o primeiro. Coloca a mochila embaixo da mesa e liga o computador. Acessa o e-mail para ver o cartão enviado pelo RH. Na caixa de entrada, a mensagem do chefe solicita a planilha de orçamento. Olha no spam, quem sabe acabou em meio às ofertas de eletrodomésticos e aos anúncios de aumento peniano.
    Nada.
    Ainda é cedo.
    Os colegas chegam sem vontade. Ocupam os cubículos separados por divisórias, prontos para digitar, atender telefone, respingar café na mesa e derrubar farelos de biscoito no computador.
    Nenhum cumprimento.

Dedica-se ao orçamento. A vida cabe na planilha do Excel.
    O colega da baia ao lado se aproxima sem fazer barulho. Susto quando ele toca suas costas. O coração palpita com a surpresa. Enfim, alguém lembrou.
    – Tem grampeador?
    – Na gaveta do meio.

Pausa para o almoço. Conversas sobre política, futebol, pernas da nova estagiária, bunda e peitos da secretária do chefe, cocô de cachorro na calçada, horas que passam devagar no turno da tarde, preguiça pós-almoço. Lembram-se de tudo, menos dele.

Fingem esquecer para fazer surpresa no final do expediente, óbvio. Quando chegarem com bolo, cheio de velas em chamas, simulará não saber de nada. Quem será responsável pelo discurso? Decerto dona Célia, que é boa de oratória, faz até chorar falando sobre o valor da amizade e a beleza da vida. Isso, no final da tarde, quando cantarem os parabéns, fingirá que não sabia e fará cara de surpreso.

Volta do almoço, abre o e-mail. Nada.

Telefone toca.

– Venha até minha sala – convoca o chefe.

Que honra, receberá cumprimentos privados, como os homens importantes são parabenizados: longe dos olhos e do burburinho dos colegas, à espreita com risinhos cínicos.

– Preciso do orçamento ainda hoje. Dobro a hora extra.

Apressa o serviço, planilha aberta, pesquisa de preço em todos os fornecedores.

Sapatos pretos ecoam pelo piso até pairar o silêncio. Só fica ele e o subnutrido das finanças fechando a folha de pagamento.

– O chefe mandou acrescentar duas horas-extras dobradas. Tem mais uma hora pra terminar – apressa o colega, sempre sobrando na roupa.

Copia preço, faz pesquisa, atualiza tabela, calcula descontos: 47 anos, solteiro, infeliz e esquecido. Falta só subtrair nenhum bolo com vela em chamas, nada de

cartão por e-mail, zero abraço e cumprimento. Que custava terem organizado a festa surpresa? Malditos.
Acelerado de raiva, acaba a planilha a tempo.
Manda o orçamento para o e-mail do chefe. Arruma a mochila e caminha até o bebedouro. No mural, a lista de aniversariantes do mês. O nome dele não está lá. Aperta o copo descartável, a água escorre pela mão e respinga na camisa. Secretária dos infernos, sabotou justo ele, precisado daqueles abraços sociais. Joga o plástico retorcido no lixo, enxuga a mão na calça.
Volta à mesa, desliga o computador, pega a mochila e segue para o elevador.
– Também estou indo – grasna o esquálido colega.
Segura a porta até ele chegar.
Nono. Oitavo. Sétimo. Fodam-se os andares.
– Dia chato hoje, não?
– Bem chato.
Terceiro. Segundo. Primeiro. Térreo.
– Quer carona?
– Obrigado, vou ao supermercado.
– Tchau.
– Tchau.

Compra bolo, vela em formato de interrogação, embalagem com seis brigadeiros, chapeuzinhos de papel da Galinha Pintadinha e Fanta Uva. Que importa o esquecimento dos outros se pode comemorar sozinho?
A festa custa R$ 47,96, uma pechincha.
Na volta, a vida ainda passa acelerada fora da janela. Só que agora filme noir, com ruas vazias e muitas sombras.

Pessoas com caras cansadas esperam nas paradas. Trazem nos olhos a esperança de que o ônibus as levará a algum lugar onde possam se livrar da fadiga. Mera ilusão.

Arrasta o corpo pelas calçadas até o prédio. Apenas panfletos na caixa dos Correios. O dia foi tão desimportante que nem conta chegou.

Aperta o botão do elevador, espera 17 segundos. Primeiro. Segundo. Terceiro. Quarto. Quinto. Sexto. Sétimo. Oitavo. Décimo. Décimo primeiro. Décimo segundo. Mania chata de contar os andares. Décimo quinto.

Abre a porta sem pensar. Coloca as sacolas na mesa. Tira os sapatos. Folga o cinto. Desabotoa a camisa. Organiza a festa. Espalha tudo de forma desarranjada na cabeceira da mesa. Chapéu da Galinha Pintadinha na cabeça. Falta: talher, guardanapo, copo e fósforo – tudo no singular. Na cozinha, dá-se conta que é desnecessário encenar educação, está sozinho. Etiqueta à mesa só serve para impressionar os outros, bons macacos civilizados que sabem usar garfo e faca.

"Droga!" Esqueceu de comprar balões. Não há festa sem balões. O jeito é improvisar. Vai ao banheiro, abre a gaveta embaixo da pia e pega o pacote vencido de camisinhas. Enche. Fica com a boca dormente. Preservativos com retardante, merda de ejaculação precoce. Não sente o gosto do bolo, nem dos brigadeiros. Acende a vela de interrogação. Mais apropriado se fosse exclamação! Ou ponto final.

Apaga a chama com um suspiro. Fica alguns minutos estático, copo de Fanta Uva borbulhando na mão. A barriga saliente, para fora da camisa aberta. Cena de filme sueco pós-contemporâneo: 47 anos, solteiro, infeliz, esquecido, sentindo o desgosto da vida com a boca anestesiada.

Toma uma ducha antes de deitar. Ao sair do banheiro, o celular pisca sobre a mesa. Finge não dar importância para aumentar a expectativa. Volta ao banheiro, escova os dentes e se perfuma com alfazema.

Enfim, a mensagem:

Envie a palavra AMOR para 48022 e receba dicas de relacionamento.

Vida piadista de merda. Escrita por Ari Toledo em parceria com Didi.
Ninguém se importa. Ninguém.
Resta dormir.
Olha pela janela do quarto. O sangue seco do passarinho morto no vidro. Mais uma vez espanta o pensamento, que voa cabeça afora.

Via-crúcis do macho

Terceira estação:
o homem e suas medidas

Homens são dirigidos por seus falos. A pequena enguia de carne flácida governa o corpo. É o cetro ativo que enrijece a sensação de poder e força. Único pedaço de sensibilidade; porção vulnerável num corpo hermético, de armadura, blindado. É pelo pau que os homens choram.

Pobre homem, cuja medida se resume a poucos centímetros do que se mostra. Uma mulher não se mede, desbrava-se em profundidades.

Tiago, o maior

A luz estroboscópica pisca insistente. Em meio à nuvem de gelo seco, contornos bem definidos, insinuantes. "Mamba negra, a sedução de ébano", anunciam no sistema de som. Flashes de laser verde serpenteiam sobre a pele lustrada. Apenas a sunga branca como cobertura. Sem dúvida, o maior sucesso da casa, em todos os quesitos. O corpo coberto de óleo ressalta cada relevo. Seria nova inspiração para Michelangelo, se Davi pudesse ser negro. Caso tivesse servido de modelo, ninguém faria piada com o tamanho do pau. Mãos brancas, ou quase isso, deslizam na pele lubrificada, contrastando a alvura com o concentrado de melanina. O corpo se contorce, em movimentos que os outros gogo boys não conseguem fazer. Nasceu para o que faz, ainda que quisesse outro destino.

Quando menino, sonhava em ser médico ou advogado. Como nunca viu doutor preto, trocou de sonho e quis ser jogador de futebol. Só que a concorrência era alta, disputava com os outros meninos do campinho, eles também corriam atrás do mesmo sonho. Não sabia que além do bairro, em muitos outros campinhos, tantos meninos alimentavam o desejo de jogar no estrangeiro, ficar rico e comprar casa boa para a mãe. Imaginava o sobrado de muitas janelas, no alto do morro, com quintal grande cheio de amigos nos churrascos de domingo.

A mãe incentivava que estudasse.

– Pra ter futuro, meu filho.

Esforçou-se e concluiu o Ensino Médio. Na formatura, orgulhou-se ao vê-la chorar de felicidade quando entrou vestido na beca preta.

– Quem sabe um dia até se forma na faculdade, meu filho.

Foi na escola, inclusive, que o tormento começou. Isso lá pela sexta série, quando tomava banho depois das aulas de Educação Física. Era acima da média, o que lhe rendeu diversos apelidos, de Tripé a Kid Bengala. Outros tirariam vantagem desde cedo. Ele, porém, não gostava de ser reduzido àquilo. Achava limitador e, como as brincadeiras não cessaram, retraiu-se. Preferiu gastar o tempo estudando e treinando no campinho. Era focado. Tanto que só perdeu a virgindade aos 17, atrasado em relação aos outros meninos, que aos 13 ou 14 alardeavam as façanhas de macho.

A primeira vez, como todas, foi de constrangimentos. Não cabia e a menina gritou de dor. Com medo de machucá-la, brochou. Ela preferiu acabar o serviço com as mãos. Logo a fama saiu dos muros da escola e se espalhou pelo bairro.

Várias foram as propostas; de mulheres, inclusive as casadas, e de homens, que incluíam alguns dos maridos das casadas. Ofereciam até dinheiro, muito, às vezes, só para poder pegar, lamber e se lambuzar. Ele se sentia objeto de camelô, desses que pechincha para levar barato.

Queria terminar a escola, arrumar emprego e conhecer alguma garota para dividir a vida. Tinha o sonho de ser pai. Prometeu a si mesmo dar ao filho o carinho nunca recebido do homem que o cuspiu no mundo. Aprendeu a ser respeitoso seguindo os conselhos da mãe:

– Não faça com ninguém o que não deseja que façam com você, meu filho.

Acabou os estudos empolgado. Enfim poderia encontrar bom emprego e dar descanso à mãe, gasta de tantas faxinas nas casas de bacanas para sustentar os três filhos.
Ele quis trabalhar antes. Pensou em largar a escola ou procurar trabalho de meio período, só para ajudar em casa. Mas a mãe pediu pelos Céus que concluísse:
– Deus dá forças, meu filho. Minha única vontade é ver vocês tudo formado, pra não ter o mesmo destino que eu.
Esforçou-se o máximo. Foi dos melhores alunos, sempre com notas destacadas.
A única diversão era jogar bola no campinho. Ou melhor: treinar, levava a coisa a sério. Vai que algum olheiro assistisse à partida, desses que levam os moleques para time grande, quem sabe até no estrangeiro.
– Tu é muito ruim de bola, Tripé. Mais fácil ganhar dinheiro com filme pornô – gritou um colega, certa vez, só porque fez gol contra.
De fato, carecia de talento para o futebol. Quando se deu conta disso, começou a pensar em qual futuro queria. Mal sabia que algumas pessoas não têm muitas escolhas: é o que dá.
Logo no dia seguinte à formatura, começou a procurar emprego. Comprou jornal e se inscreveu em todas as seleções possíveis: de auxiliar de escritório a vendedor, de office boy a atendente de lanchonete. Participou de várias entrevistas, em algumas delas foi dispensado por não ter experiência. Nas que exigiam boa aparência, como nas

vagas do shopping, nem passava para segunda fase. Ele desconhecia que ter boa aparência era: não ser tão preto.

Quase dois meses depois, nada de trabalho. Sentia-se traído, ouviu a vida inteira que se estudasse teria futuro. No entanto, o futuro chegou e sequer conseguia emprego para virar carnes de hambúrguer na chapa ou limpar o chão. Como teria experiência se ninguém dava qualquer chance? Como continuar os estudos se precisava trabalhar para pagar uma faculdade?

Por intermédio da mãe, foi contratado no supermercado do bairro como empacotador. Vendia finais de semana e feriados em troca de pouco dinheiro, mas podia ao menos ajudar nas contas da casa. Às vezes, até fazia a extravagância de levar chocolate para a janta de domingo. No Natal, comprou presentes, coisa que nunca tiveram, e organizou a primeira ceia da família. Todos de branco, em volta da mesa, pareciam até gente de televisão.

No supermercado, conheceu Tâmila. Olhos grandes, profundos, foi isso o que mais lhe chamou a atenção. Claro que depois viu as pernas grossas e descobriu que ela ficava provocante sem uniforme, com shortinho ou minissaia. Mas isso era menos importante que os olhos. Gostou muito dos olhos, expressivos e pretos, como ele.

Sempre a acompanhava até em casa quando saíam do trabalho, tarde da noite. Foi assim que estiveram próximos. Foi assim que, depois de algumas semanas, transaram. Foi assim que a notícia do seu pau grande se espalhou pelo supermercado, até mesmo entre alguns clientes. Descobriu que Tâmila não queria nada sério, apenas os olhos dela eram profundos. Mais uma vez, foi reduzido ao conteúdo que enchia a cueca.

Sem querer, descobriu que um homem negro se mede em centímetros e se vende por força bruta. Por mais que não fosse só a porra de um pau, era isso que enxergavam. Apenas o corpo vendido, como o de todos os antepassados. Seus 23 centímetros, grosso, seriam capazes de preencher qualquer vazio existencial.

O desejo dele era simples: um emprego, que não pagasse tão mal, e uma mulher para partilhar os dias, conversar e transar quando tivessem vontade. Apesar de muito simples, isso parecia demais. Quem o procurava, mulher ou homem, queria ver o dote, como se fosse bizarrice de circo, pronto para entreter a desocupação da vida alheia.

Estava cansado de ser explorado e mal pago no supermercado, quando o colega do futebol comentou de um emprego. No dia da folga, foi lá. A vaga, segurança numa boate. As condições eram boas: de quinta a domingo, das 20h às 6h. O salário, o dobro do que recebia no supermercado e ainda teria carteira assinada.

Na semana seguinte, estava na portaria, de terno e gravata, parecia até gente importante. Fazia a revista protocolar nos viados que iam se esfregar pelas paredes e libertar os desejos ao som de música eletrônica. As investidas eram constantes, incluindo altas cifras e propostas de viagem para o exterior. Mantinha-se sério e profissional:

– Próximo.

Em pouco tempo, acostumou com a rotina do trabalho. Não se incomodava com as cantadas, nem mesmo as investidas incisivas o tiravam do sério, como da vez em que uma bicha bêbada o apalpou aos berros:

– Se me toca, posso te tocar também.

O sonho da faculdade foi adiado. Dormia a manhã toda e, alguns dias, até um pedaço da tarde. Descobriu ser muito desgastante trocar o dia pela noite.

Certa quinta-feira, antes de começar o expediente, o dono da boate, homem de seus 36 anos, branco, casado e com dois filhos, chamou para uma conversa. A proposta era simples: foi convidado para ser gogo boy. O salário inicial era dinheiro que jamais possuiu. Não que fosse muito, ele que sempre valeu pouco. O chefe comentou que a fama dele se espalhou. A "fama", repetiu em tom jocoso, era ótimo investimento para seu negócio. Além disso, os ganhos extras seriam certos.

– Não me importa o que fará depois do show.

Agradeceu e disse não levar jeito para esse tipo de serviço.

– Não tem mistério, logo pega a manha – incentivou o chefe, sem esconder o interesse.

A falta de jeito era desculpa: o corpo tinha linhas bem desenhadas pelos anos de futebol, depois que começou a trabalhar de segurança e malhar, apresentava melhor acabamento. Possuía as medidas perfeitas para fazer sucesso no ramo.

– Os outros meninos têm seus truques antes de entrar no palco. É só conversar com eles, aqui todo mundo é parceiro.

Agradeceu outra vez e reforçou não ter interesse.
– É sua chance de mudar de vida, rapaz. Não desperdice seu talento – insistiu o chefe, interessado nos próprios rendimentos.

Com o pau na mão, refletia sobre as palavras ditas pelo chefe: "É sua chance de mudar de vida..."
Enquanto mijava, as ideias remexiam na cabeça. Poderia trabalhar algum tempo, para juntar uma grana. Quem sabe pagar a faculdade dos irmãos. Ou até ele mesmo poderia cursar Educação Física, seu novo sonho.
Não imaginou nada disso quando pensava em ter um futuro. Mas das coisas que quis na vida, nenhuma deu certo. A mãe dizia para ficar de olho nas oportunidades. Seria essa sua real oportunidade? Ou seria a única? Questionava-se vendo o mijo fazer espuma na água.
Guardou o pau, confuso. Depois pensaria com calma em tudo aquilo. Precisava vestir o terno e tomar posto na portaria, estava quase no horário.

Via-crúcis do macho

Quarta estação:
o homem e suas quedas

O homem é extensão do pau. O ego masculino é inflável como os corpos cavernosos. Mas a performance erétil dura pequena fração de tempo, ínfima. Logo mostra a verdadeira natureza: flácido, murcho, cabisbaixo.

Homens tentam dissimular a própria impotência com próteses fálicas sempre eretas: revólveres, canhões, câmeras, canivetes, facões e cassetetes. Na fixidez sólida do metal, do plástico e da madeira, tentam compensar com violência a frustração da rigidez que a carne é incapaz de sustentar.

Homens sentem ciúmes de vibradores e pintos de borracha, estes se mostraram muito eficazes. Têm potência infinita, prontos para dar prazer. Até mesmo um dedo pode ser mais eficiente que um homem.

João

Tudo começou a dar errado quando esqueceu o ar-condicionado do carro ligado e a bateria morreu. Ele parado, dentro do carro, refém do não funcionamento da máquina. A energia do motor desgastada pelo uso inútil, forças que escorreram para o nada. O interior do carro frio, a bateria descarregada. Foi o começo de quando tudo começou a dar errado. Era um sinal.

Naquela noite, procurou pela esposa.

Estava no lugar de sempre, camisola de algodão rosa, renda fina na manga. Conservava o design, cintura marcada, apesar da flacidez da pele que cedeu com o peso dos anos. Ela, como todos os móveis da casa, utilitária, decorativa. Linda e perfumada, com a raiz do cabelo retocada, a disfarçar os fios brancos com pintura que cobria os arranhões da idade. Ela, sua mulher, do outro lado da cama. Disponível, quente para depois da janta.

Aproximou-se com cuidado. Nunca foi dos brutos, ela não podia se queixar, disso não.

– Minha linda flor da vida – disse como senha para abertura do corpo dela.

As palavras a enjoaram. Ele enchendo do sangue lascivo, que irrompe no tecido flácido feito enxurrada, arrasta tudo com violência e termina por desaguar em golfadas. Mas teve pouca vazão, o que exigiu maior esforço para se manter de pé.

Desabou na cama, esgotado. O clima abafado fez o suor escorrer pela barriga inchada, desviando dos pelos até pingar no colchão. A mulher levantou para a ducha. Banhava-se para se livrar dele, que a emporcalhava por dentro.

Dormiram, mesmo quando tudo começou a dar errado.

Nos dias seguintes, cuidou para não deixar o ar-condicionado do carro ligado. Foi em vão. Não era mais o carro que precisava de energia.

Noites se passaram sem nada, até que tentou. Traído por si mesmo, falhou. Nem com todo esforço. Nem com a boca recheada de peito. Nem com gemidos. Nem. A mulher virou-se e dormiu. Por sorte, não precisaria tomar outro banho.

Ele continuou acordado.

Não, não com ele. Não ainda na idade de se mostrar homem. Justo ele, que poucas vezes traiu, traído pelos dutos do próprio corpo, negando-se a encher e pulsar com a vazão sanguínea que faz a carne sólida.

Tentaram outras vezes. Ou melhor, tentou. A mulher deixava, apenas. Sempre deixou, disponível, ali, ao lado dele, e não compareceu.

Médico de renome, haveria de dar jeito, como mecânico que conserta ignição de velho Oldsmobile. Sentença: coração fraco, risco de ataque cardíaco se tomasse as pílulas azuis. Teve que escolher entre ser homem e viver. Temeroso, decidiu pelo óbvio.

Tentou arranque outras vezes; com a mulher e mulheres, esperança de que chupeta em bateria nova pudesse transferir energia para sua bateria gasta. Já não segurava carga. Um não homem, sem potência.

Tudo deu errado.

E não foi culpa do ar-condicionado ligado. Gastou-se, com os anos. Que ficasse estacionado, à espera de ser arrastado para o descarte, encontrar outros tantos também imprestáveis.

Tudo deu errado.

Inútil homem, incapaz de prestar reverência. Brochou, foi isso. Brochou e ficou brocha, em estado de inércia, atestado de flacidez permanente.

A mulher deu graças a Deus. Nunca gostou de transar com o marido.

Via-crúcis do macho

Quinta estação: o homem e suas vaidades

Há poucas coisas tão estéreis quanto homem consciente da própria beleza. Nem mesmo um feio encolerizado pela existência disforme é tão letal. A formosura feminina pode fazer florescer o caminho por onde passa Afrodite. A beleza masculina, no entanto, cega, consome a si próprio e ao outro; Eco arrasada pela falta de amor de Narciso, morto pela mesquinhez da perfeição.

Um homem bonito se porta como pavão: enfatuado nas plumas, dissimula a violência doentia que carrega, a espezinhar e desprezar tudo o que considera menor. Mas não se deixe seduzir pela cauda do pavão, com seus tons metálicos. Nem se engane pelo abrir e fechar do leque, espetáculo de exibição lasciva. Foque na base, os pés, e encontre seu lado medonho: igual a qualquer galinha. O anseio de todo pavão é usar sapatos.

Filipe

No fim, nada acontece.

O que faz um homem bonito? Dinheiro, gritarão. Resposta errada. Dinheiro faz um homem rico. Beleza é coisa de genética, ainda não se compra. Claro que boa criação com Yakult e Ovomaltine ajuda a dar acabamento especial à pele. Tez de rico bem nutrido, que cheira a perfume importado e calça mocassim Prada. Essa é a beleza comercial, adquirida com cartão de crédito ou dólares. Mas beleza, beleza mesmo, está indisponível para venda, e não tem plástica que dê jeito em quem não foi agraciado pelo Padrão, deus de todos os encaixes.

Pré-requisito básico para beleza masculina: altura. Menos de 1,75m pode ser bonitinho. De 1,76m a 1,84m, bonito. Os que estão acima de 1,85 e abaixo de 1,92 podem solicitar acesso ao universo dos lindos, são poucos os eleitos. Acima de 1,93 é aberração ou atleta.

Tem 1,88m, altura perfeita. Além disso, atende aos outros critérios da lista da beleza:

Cabelo liso, com bom corte e lavado	OK
Pele sem manchas – prioridade para tons claros	OK
Unhas cortadas e lixadas – pés e mãos	OK
Poucos pelos no corpo – ou aparados	OK
Musculatura desenvolvida sem efeito maromba	OK
Dentes com design e brancos	OK
Maxilar largo	OK
Testa reta e pequena	OK

Sobrancelhas sóbrias	OK
Barba que fique bonita mesmo depois de três dias	OK
Olhos expressivos – preferência para azuis ou verdes	OK
Boca desenhada – com lábios de enchimento médio	OK
Expressão de bom pai	OK
Cara de honesto – sem ar idiota	OK
Postura de quem tem segurança e autoestima	OK
Trabalho respeitável	OK
Inteligência mediana	OK

Preenche todos os requisitos e ainda: fala inglês, é dono da própria empresa, cozinha aos domingos, sabe escolher vinhos, tem bom carro e bicicleta cara, passeia com o cachorro na orla, cheira bem, veste-se até que na moda e sabe usar talheres. Último item:

Consciente da própria beleza	OK

Ninguém, exceto recalcados, ousaria dizer que não é deus grego, homem dos sonhos, príncipe encantado, total Odara, fonte de mel nos olhos de gueixa, místico clã de sereia.

Lindo de morrer, ou melhor, de matar de inveja.

Tem poucos amigos: Jorginho Kipfer, Marcelo Valdiff, Hugo Strump, Sandro Fisher e Omar Farid. Todos brothers, irmãos do peito mesmo. Inclusive, jogam golfe juntos. Às vezes, velejam.

É bem seleto com amizades. Mentira, bonito e bem-sucedido, poucos são os que suportam andar com ele. Não tem espécie mais invejosa que homem. Sempre especulam se o pinto do outro é maior, mesmo que esteja encolhido, preservado na cueca e dentro da calça. Imagine a insegurança provocada pela ostentação despudorada de um belo rosto.

Andar com ele é aceitar o que sobra. A carne de primeira, claro, é dele. Transou com as mulheres que quis, menos uma: Eloísa, dessas tomadas por idealismos, prefere conteúdo à beleza. Dizem até que é feminista. Por causa da rejeição, apaixonou-se por ela, ou melhor, ficou fissurado. Homem não sabe perder, se for bonito, menos ainda.

Tentou conquistar Eloísa de todas as maneiras. Cantadas românticas, convites para jantares, apelos para viagens, até uma joia no aniversário. Nada funcionou. Ela se apaixonou por Marco Fontes, artista plástico, cara suada e barba por fazer. Dizem até que é comunista. O que uma mulher inteligente, de nível e bonita viu num rascunho daquele? Não achava resposta racional para essa indagação.

– Eu te amo, Eloísa – declarou no vernissage da exposição de Marco. Pinturas conceituais e colagens de fotografias do próprio pinto, sucesso de público e crítica.

– Sabe que amo Marco. Por favor, não insista.

Mais uma negativa só aumentou a gana. Se ela queria jogo difícil, agiria como bom Hércules.

A sorte estava do lado dele. Meses depois, o romance se desfez. Marco traiu Eloísa com a curadora da exposição. Dizem até que é lésbica. Eloísa acabou arrasada. Entrou na natação e começou a fazer yoga para ocupar o tempo. Matriculou-se ainda na aula de dança contemporânea, mas a professora gritava demais e a deixava tensa:

– Dois, o movimento é no dois. Você não sabe contar?

Estava fragilizada, desistiu depois de duas semanas.

Aproveitador como sempre foi, fingiu ser amigo.

– Está bem? – perguntou ao encontrá-la no elevador.

Eloísa chorou em seus braços. Ele saiu com terno molhado.

Trabalhavam no mesmo prédio comercial, cheio de salas com gente cheirando a importante, seria fácil armar o cerco para capturá-la.

Dia 5 de abril, foi essa a data fatídica.

Acordou cedo. Em frente ao espelho, venerou a própria beleza com atenção.

"Que lindos olhos."

"Gato irresistível."

"Dorme comigo, delícia."

Aproximou-se para ver se precisava de nova limpeza de pele. Olhou bem de perto e, para angústia e raiva, descobriu um defeito. Um não: dois fios brancos no queixo, em meio à negritude espessa da barba.

Foi o fim do dia que mal começara. Como ele, perfeito, apresentaria aqueles pelos defeituosos em público? Justo no dia do jantar com Eloísa. Tempo desgraçado, maculando a perfeição dos contornos. Seria inútil dizer que homens ganham novo charme quando grisalhos. Estava ficando velho. Velho! Fosse um pentelho branco, teria se atirado pela janela.

Abriu a gaveta e sacou a pinça. Arrancou os fios brancos com tanta violência que seria compreensível se não voltassem a nascer. Por mais que estivessem exterminados, não tardariam em crescer. Pior: e se multiplicassem, manchando o rosto com pelos deficientes?

Dirigiu transtornado até o trabalho. Costurou no trânsito. Quase atropelou a velha com sacola de feira que atravessava a faixa de pedestres.
– Viado filho da puta! – xingou a senhorinha de cabeleira grisalha.
Dia tenso. Gritou com a secretária:
– Ou faz as coisas direito ou vai pra rua, imprestável.
Ela segurou o choro quando saiu da sala.
Desligou o celular na cara da mãe.
– Vai cair a ligação, estou entrando no eleva...
Tu tu tu tu. A coitada só queria saber quando iria visitá-la.
Gritou também com a atendente do restaurante.
– Mesa pra dois.
– Não temos vagas pra hoje, senhor.
– Como não tem?
– Sexta-feira, estamos lotados, senhor.
– O gerente é homem?
– Sim, senhor.
– Quero falar com ele.
– O gerente só chega às 16h, senhor.
Desligou na cara da moça.

Final do expediente, encontrou Eloísa.
– A mais linda de todas as lindas.
Sem a reserva no restaurante, tentaram sorte no japonês, recém-inaugurado perto do trabalho.
– Dizem que é ótimo. Tem desconto pra casal.
– Não somos casal – ela enfatizou.
– Fingimos ser e conseguimos o desconto – ele riu.
– Não se preocupe, dividimos a conta.

— Jamais! – riu outra vez. – Mulher que sai comigo é rainha.
— Dividimos a conta ou nada feito.
— Ok.
— O que o casal vai querer? – perguntou o garçom baiano.
— Traz o especial da casa e saquê pra dois.
— Um saquê, não vou beber – corrigiu Eloísa, que pediu soda.

Comeram, conversaram qualquer coisa sobre a crise do Brasil.
— Como está alto o dólar – ele falou.
Acabaram as peças de sushi e sashimi. Eloísa não repetiu. Ele bebeu mais saquê. Fingiu ir ao banheiro e pagou a conta sem avisar. Ela ficou chateada, porém não podia fazer nada.
— Da próxima, eu pago.
— Ok – ele riu.

No estacionamento, beijo de despedida. Ele escorregou e acertou a boca.
— Eu te amo, Eloísa – largou com bafo de saquê. – É a mulher da minha vida.
Ela se afastou limpando os lábios.
— Não faça mais isso!
"Facilitaria se ela tivesse bebido." Segurou Eloísa pelo braço.
— Me solta!
— Vai ser minha.

Agarrou-a forçando outro beijo. Ela lançou o corpo contra o carro.

– Vadia puta vagabunda safada, vai ser minha. Custe o que custar.

Puxou Eloísa pelos cabelos e tentou levantar o vestido. Ela se debateu com força. O alarme disparou.

Sem conseguir se soltar, mordeu o braço dele.

Tapa na cara de Eloísa.

O garçom baiano separou os dois. Neguinho suado segurando doutor bonito e rico com os braços para trás. Parecia até ficção.

Sirene ligada, giroflex iluminando a rua de vermelho. Os dois encaminhados para a delegacia.

Depoimentos:

Eloísa

– Fui agredida por ser mulher. Ele tentou me agarrar à força. Eu disse não e levei um tapa na cara. Me chamou de vadia puta vagabunda safada e tentou levantar meu vestido. Quero justiça!

Ele

– Foram os dois pelos brancos, doutor. Acabaram com meu dia. Perdi a cabeça. Mas ela provocou. Que custava só um beijinho? Tanta mulher reza pra ficar comigo e ela se fazendo de difícil? Foram os pelos brancos, doutor. Acabaram com meu dia.

O advogado dele conversou com o delegado.

– Meu cliente está bêbado, doutor. Dá um desconto.

Delegado complacente.

– O senhor sabe como são as mulheres. Se fazem de difícil só pra atormentar o cara.

Delegado mais complacente.

– A carne é fraca. O senhor também é homem e sabe como é.

Delegado em total acordo, autorizou a liberação do acusado.

Eloísa não deixará barato. Levará o caso até as últimas consequências, que serão: nenhuma. Conforme anunciado, nada acontece no fim. Ele continua lindo, atormentado pelos fios brancos e impune. O único a fazer justiça, como sempre, é o tempo.

Via-crúcis do macho

Sexta estação:
o homem e suas dores

Pense nos homens ao redor: todos desencaixados. Flácidos, cotovelos ressecados, pelos espetados na cara. Umbigo oleoso, sovaco corizando suor, pés que exalam cheiro de azedo. Homens são inaptos para carregar o próprio corpo. Estão sempre com a barriga pendendo, pescoço enfiado nos ombros, cóccix deslocado na hora de sentar.

Usam meias brancas até o meio da canela com tênis de mola. Ou sapatos de bico quadrados e cintos que destoam de todo o resto. Vestem camisas de time e shorts de tactel dois números maior.

Os que assim não se portam, são acometidos pela afetação, sem naturalidade ou graça. Cheiram à loção de barbear e comem com guardanapo no colo. Usam mocassins sem meias, calça skinny, camisa xadrez e barba de lenhador. Tomam café gourmet, cerveja artesanal e desodorizam sapatos com pó antisséptico.

Homens são animais que não deram certo, por isso inventaram nova taxonomia para encaixá-los. Não é privilégio, como pensam os *sapiens sapiens*, mas exclusão. Piores ainda os que dissimulam o lado animal, são capazes de atrocidades inimagináveis.

Anotem: nunca confiar em homem que sabe utilizar talheres numa mesa de jantar formal.

Bartolomeu

A questão central da vida é fazer as vontades do cu. O orifício de bordas plissadas é âmago da complexidade humana. Cu é umbigo da alma, centro de todas as emoções. Esqueçam o coração, lembrado por sua efusividade palpitante. O cu, em sua timidez, resguarda os mistérios do corpo.

Para entender essa verdade transcendental, analisemos o caso de um homem que sentiu das piores dores que o corpo pode padecer.

Foi manhã sem nuvens. Acordou, como qualquer pessoa honesta, sem acreditar que ainda estava vivo. Ao dar o último bocejo, escorregou os dedos pelo canto dos olhos, fez despencar as remelas. Espreguiçou estalando as costas e arrastou os pés até o banheiro.

Intestino regulado para funcionar logo após acordar. Mérito da mãe, que o adestrou bem, em todos os quesitos. Sentado no vaso de porcelana branca, demorou. "Preciso comer fibras", guardou como nota mental. Contraiu a barriga com considerável força e, depois de expirar fundo, pariu o aborto disforme, sem cabeça nem membros: grande bosta ressecada.

Minúsculas gotas acumuladas na testa. Ao limpar-se, sobressalto: entre o marrom-almoço-de-ontem e o branco encardido do papel higiênico, o destaque do vermelho brilhante. Vívido vermelho-calda-de-morango: seu sangue. Preocupou-se ao ver aquela combinação napolitana.

Manteve-se fechado ao longo do dia, contraindo a saída como mulher em gravidez de risco. Leve incômodo o acompanhou ao trabalho.

Com certa atenção, é possível saber como vai o cu de alguém, e até mesmo o que gosta de fazer no tempo livre. No rosto do homem, a expressão de cu angustiado.

Soubesse ele, teria relaxado, feito bicha experiente, acostumada a levar estocadas profundas sem se dilacerar. A contração fez as paredes do reto, agredidas pela merda endurecida, esgaçarem mais. Qualquer pessoa sabe: manter ferimentos limpos para evitar que infeccionem. Essa recomendação é impossível quando se tem rasgos no cu. A consequência para o pobre homem não foi das melhores: inflamação na fenda aberta.

Machucar o coração dói. Ferir o cu mais ainda. A dor do miocárdio faz nascer poesia, mas para que servem as mágoas anais?

Na manhã seguinte, descobriu que não dava para fazer literatura com o cu em flor. Deu-se conta disso quando o intestino militar pediu para bater continência. A contraforça do reto se opunha à gravidade, como se tentasse evitar o desabamento das vísceras.

O desespero veio com as contrações intestinais a empurrar o resto condensado do bife com arroz do jantar. O homem brigou com o intestino, tentando empurrar de volta a merda insistente em vir ao mundo.

A ferida dilacerada pela enguia deslizando no intestino grosso. Expelia gato com unhas afiadas cravadas nas carnes. Quanto mais força, mais se rasgava. Parto de criança com a cabeça grande, sem corte ou anestesia.

O homem chorou grandes gotas de suor. E suou algumas lágrimas de dor. Limpar-se foi o calvário, cravar coroa de espinhos no cu. Suou nova lágrima. Não conseguiu finalizar a limpeza com papel, outra vez tingido de sangue. Levantou sem pressa e caminhou trôpego até o box.

Lavou-se, ensaboando o meio da bunda com a leveza de quem acaricia recém-nascido. Fechou os olhos para não gemer. Derramou outra lágrima, que se misturou à água morna do chuveiro.

Enquanto tomava banho, imaginava a morte por causa de uma infecção no cu. E o pior: não poderia ir ao médico. Acontecesse o que fosse, ninguém tocaria ali. O que o médico pensaria? Que estava a se oferecer por aí? Homem que se preza mantém o próprio cu em segredo. Resguardá-lo é a missão divina para sustentar os frágeis alicerces da masculinidade. Não! Suportaria calado, em respeito à memória de todos os machos que padeceram inenarráveis sofrimentos em nome da existência da categoria. Precisava ser forte.

Chegou abatido ao trabalho, mas ninguém percebeu. Tinha dores. Ou melhor, uma dor concentrada no ponto final. O sofrimento do cu faz todo corpo desfalecer. Fala-se sempre do nó na garganta, mas o cu também tem seus nós, e esses são mais difíceis de desatar.

Aquela manhã arrastou-se com o ardor latente da ferida.

Voltou para a sala minutos antes de acabar o horário do almoço. Abriu uma aba anônima no navegador e digitou inflamação no ânus. O diagnóstico mais provável:

fissura anal, provocada pelas fezes ressecadas. A situação se agravava com a contração retal, que impedia o rasgo de cicatrizar. Precisava relaxar, porém quando isso é obrigação, tudo fica tenso.
Depois daquela fatídica cagada, viver se tornou mais doloroso. Além da coceira e da ardência, qualquer agitação amplificava a dor. Andar doía. Ficar sentado comprimia a dor. Espirrar era soco de dentro para fora. Tossir fazia o cu estufar e doer. Peidar era vento de secador sobre queimadura. Pensar em cagar era dolorido. Colocar em prática, martírio.
As dores têm seus benefícios, estar inflamado no íntimo o fez sensível. Atentou para os próprios movimentos, com a destreza de mestre de tai chi chuan. Caminhava suave e sentava com a postura correta.

Passados quatro dias, a situação não melhorou. Toda manhã, no banheiro, o trabalho fiado pelas células ia por água abaixo e a fissura abria.
O homem decidiu fazer algo por si. No final do expediente, foi à farmácia e se muniu para salvar o próprio corpo daquele sofrimento. Na cesta de compras: relaxante muscular, comprimidos anti-inflamatórios, laxante e pomada cicatrizante. O que a internet indicou como solução, levou para casa.
Na mesma noite, começou o tratamento. Laxante e alimentação equilibrada para amolecer as fezes, anti-inflamatório para acelerar a cicatrização, relaxante muscular para desestressar o cu e a pomada para ajudar a recuperar o rasgo.

Passou o creme branco com o dedo. Estava bastante inflamado, mas, mesmo assim, sentiu o prazer daquele toque carinhoso. Sensação boa nunca experimentada.

Ignorou o cu por toda vida e só então lhe fez o primeiro afago. Quando se deu conta do que executava, subiu a cueca. Era macho! Não ao dedinho sacana. Ainda que estivesse tão bom...

Cuidou da medicação e da higiene anal. Em uma semana, quase não sentia dores e cagava sem tanto sofrimento.

Dessa experiência restou a cicatriz, imperceptível em meio às pregas, e o receio de se rasgar outra vez. Fibras na alimentação para menos esforço na hora de se esvaziar. Aprendeu a amar-se mais depois daquela dor insuportável e, no que depender dele, não passará por tamanho sofrimento outra vez.

Desde então, mantém o cu descontraído.

Via-crúcis do macho

Sétima estação: o homem e seus silêncios

Entre os homens há um código secreto. Mesmo que não se suportem, abaixam as vistas. Aqui cabe expor verdades: o que chamam de honra ou respeito é pacto velado de covardia. Ao se desarmar diante de outro que carrega duas bolas entre as pernas, assinam o contrato: não exponho para não ser exposto. Nada de respeito, é autopreservação.

Assim calam, mesmo dores agudas, que doem mais que chute no saco. Por calar, tornam-se silenciadores, irrompem em violência aparentemente sem causa, que guarda tantas feridas sem cicatrização, abafadas pela covardia de não pedir ajuda.

O silêncio do homem não é de sabedoria, mas de vazio.

Mateus

Dez anos recém-feitos quando entrou na escolinha de futebol. Não que gostasse tanto assim de jogar bola, queria dar orgulho ao pai. Por isso achava motivação para ir três vezes por semana, depois da aula, ao clube. Lá encontrava com outros meninos da mesma idade, alguns até mais novos, ansiosos para agradar pais, tios, avós e outros homens conhecidos.

O pai não disse, mas na escolinha de futebol ele encontraria o mundo.

A primeira lição aprendida não foi driblar, atacar ou fazer gols. Entre o gramado e o vestiário, aprendeu o grande segredo de ser homem: nunca dizer nada.

Aos 11 anos, saiu da categoria fraldinha e passou a fazer parte do pré-mirim. Como bom homem, ficou calado ao ser invadido pelo treinador. Até pediu ao pai para trocar o futebol pela natação, ou judô, que fosse. Recebeu como resposta que Brasil é país de futebol; homem de verdade tem que saber jogar bola, mexer com mulher na rua e beber cerveja.

No começo, foram carícias indevidas no vestiário. O treinador, homem respeitado pelos pais dos garotos, admirado por adestrar seus filhos a serem machos, sabia como se fazer temido para satisfazer-se sem levantar suspeitas. Ele, 53 anos, pai de duas, homem de família, ensinava os meninos a rezar ajoelhados nas cabines do vestiário. Muitos foram os que ficaram com joelhos calejados de tanta prece.

Mateus rezou algumas vezes.

O treinador escolhia coroinhas, aos quais ensinava coisas além da reza, mas só se tivessem acima de 12 anos, até os canalhas precisam ter regras de conduta. Esses ficavam depois do treino. Ele dizia aos pais que os garotos se destacavam:

– Vamos treinar pesado pra lapidar – ludibriava, narrando que seriam contratados por time profissional, quiçá internacional.

Os pais incentivavam os filhos a dar o melhor de si. E eles davam, à revelia. Davam calados, como bons homens que aprendiam a ser. Davam e rezavam em troca de qualquer afago paterno, fosse tapa no ombro na saída da escolinha ou alguns poucos abraços quando tinha competição.

Por mais de uma vez, pediu para trocar de esporte. Tentou convencer o pai que tinha mais talento para nadar.

– Pense no futuro. O treinador falou que você leva jeito.

Sim, levava. Levava fundo, cabeça enfiada no colchonete do vestiário.

– Uma carreira começa de baixo, meu filho.

Isso mesmo, bem baixo, de quatro no escritório do treinador. Calado sempre, como bom homem.

Piorou quando entrou no mirim e o time começou a disputar campeonatos nas cidades vizinhas. Os talentosos, na avaliação íntima do treinador, recebiam tratamento especial: dormiam no mesmo quarto que ele. Os pais ficavam tranquilos, afinal os garotos estariam protegidos.

Acabavam dois ou três dos coroinhas selecionados para fazer novena: bacanal em nome da sagrada tradição nacional do futebol.

Depois de bater bola com o treinador, entrava em silêncio no chuveiro e se lavava. Lavava-se bem. Lavava-se muito. Considerava melhor fazer natação. Queria fazer natação com o chuveiro ligado no máximo, a ponto de se afogar na correnteza de gotas contínuas.

Todos os garotos do time sabiam. Todos, como bons homens, calavam. Alguns aprendiam a tirar proveito da reza e alcançavam graças, indicação para ir à Itália ou Alemanha.

Mateus só pensava em fazer natação. Por ter aprendido a ser homem, calava. Não gostava de futebol, mas era única forma de contato com o pai.

– Como vai meu artilheiro? Muitos gols?

Não muitos, mas bola sempre batendo na trave.

– Esse menino tem futuro – elogiava o treinador.

O peito do pai inflava, orgulhoso do seu macho em formação.

No vestiário, Mateus demorava no banho. Cada vez mais calado, a deixar o chuveiro muito chorar por si.

Disse ao pai que estava doente e não participaria do campeonato.

– Tem que se esforçar, moleque.

Sim, era forçado. Bastante forçado. Doía antes, durante e depois. Doía até lembrar, por isso fingia esquecer. Calava mesmo que todos soubessem.

Ruim mesmo era viajar para os campeonatos. Ficar nu na frente dos outros meninos, esfregando-se sem vontade, enquanto o treinador ria.
– Vai ser minha menininha safada, não vai?
Mateus achava que o treinador tinha riso e cheiro de porco. Mateus nunca cheirou porco, mas se pudesse escolher, preferiria, talvez sentisse menos nojo abraçando um. Mateus deixou de rezar para Deus antes de dormir, ainda que muitas vezes rezasse de joelho depois do treino. Mateus aprendeu que calar é fácil, e que algumas coisas são difíceis de engolir.

Aos 15 anos, no time infanto-juvenil, desafiou o pai e entrou na natação. Queria afogar as lembranças mergulhando na água com cloro. Purificar o corpo naquela imensidão benta, livre de qualquer impureza.
Na primeira semana, no vestiário, viu o novo treinador ensinar a reza para um novato, ficou calado. Já sabia se defender e não precisou rezar. Nunca mais.

Mateus ainda nada. Gosta de ficar debaixo d'água, sem respirar, submerso no silêncio. Ainda toma banho demorado. Não gosta de suar, tem medo de ficar com cheiro de porco como o treinador.
Todas as vezes que assiste ao futebol com amigos, recorda dos tempos da escolinha. Como bom homem, continua calado. Engole as lembranças com cerveja, na tentativa de afogá-las. Mas também sabem nadar.

Via-crúcis do macho

Oitava estação: o homem e suas angústias

O homem constrói igrejas e templos colossais a fim de elevar a própria vanglória. Deus, Deus mesmo, em sua instância sagrada, é tudo o que não cabe na ambição humana. É tão grande que ultrapassa o espaço do maior templo e tão pequeno que está nos limites do corpo.

Deus, Deus mesmo, é tudo o que o homem, em sua ganância, é incapaz de dominar. Por mais paradoxal que seja, no vazio dos espaços construídos pelo homem, é possível encontrar o sagrado. Não pela presença, mas pelo ausente. Ao se deparar com os limites da prepotência, seja na arte ou na religião, é possível libertar a mente para o inatingível. Aquilo que está tão distante por se encontrar dentro do próprio homem.

Tomé

O caminho do cético é de muitas dúvidas. "Vale o esforço de prosseguir?" Sem encontrar resposta, andava aflito. "Por que esperar se, no fim, resta o fim?" Não que desgostasse da vida, apenas achava monótono o ciclo dos dias.

Vagava sem destino pela rua depois de saber o diagnóstico do pai: câncer de próstata. Estado avançado, tumor em metástase, enraizado pelos tecidos que foram saudáveis e vigorosos. O corpo do velho estava afetado, porém ele quem se sentia agredido. Conseguia lidar com as próprias dores, mas era demais ver sem salvação alguém que amava. Justo o pai, de quem foi expelido, num gozo de prazer, para habitar o ventre aconchegante da mãe. O câncer tomou conta de sua primeira morada, quando sequer era qualquer coisa, semente que podia nem vingar.

Os passos acelerados moviam o pensamento repetitivo e perturbador: "Vale o esforço de continuar?"

No descaminho, passou em frente à Catedral. Olhou a escadaria, prédio imponente, com vitrais coloridos. Sentiu-se diminuído. A sensação de ser um nada o atraiu. Logo ele, cético e filosófico, a duvidar da relevância da própria vida, não se preocuparia com a existência divina. Se Deus existisse, que cuidasse de si.

Motivado pela curiosidade de não entrar em igreja desde o batizado, atravessou a porta de madeira entalhada. Sentou no último banco, de onde podia observar o cenário: a sequência de bancos vazios, lustrados; os altares laterais, dedicados a santos desconhecidos, todos com olhar vago, como se também tentassem compreender o sentido da própria realidade inanimada.

Viu um santo seminu, corpo delineado por músculos aparentes, atado a um poste de madeira e espetado por flechas. "Seria participante de sessão de sadomasoquismo?" Pela expressão do santo, o sofrimento parecia causar certo prazer. Mais à frente, outro santo: homem velho, barbudo, perna ensanguentada e ferida, acompanhado por cachorros.

No fundo da nave da igreja, a redoma de vidro guardava um corpo, em tamanho real, deitado sobre travesseirinho branco, renda nas bordas. Ao lado, uma representação de mulher, vestida de veludo roxo e detalhes dourados, também em tamanho real, segurando um tecido branco, que podia ser lenço ou pano de prato. Angustiou-se com aquelas figuras, a simular sofrimento em suas expressões estáticas.

Adiante, um altar florido, dedicado à imagem de mulher com criança nos braços, não dava para saber se menina ou menino, devido aos traços andróginos e à camisolinha branca, que bem podia ser vestido. A faixa cor de vinho com bordas douradas alardeava: *Graças te damos, oh Virgem Santíssima*. "Como virgem, se tem filho?" Logo considerou que pudesse ser sobrinho ou sobrinha, a santa tia solteira e virgem, que se prestava a cuidar da criança enquanto a irmã trabalhava.

Mais à frente, uma santa preta, a única, manto de veludo azul-marinho com detalhes dourados, de formato triangular que impedia de ver os traços do corpo. Não dava nem para afirmar que tinha seios. Uma coroa muito grande pesava sobre a cabeça, mas a santa parecia pouco incomodada, com olhos lânguidos, um tanto preguiçosos.

Passeou pelo corredor cercado de bancos, até encontrar um conhecido: Jesus, pregado à cruz na parede do altar. Contemplou o rosto sofrido e ficou comovido com a expressão de pacífica dor, de uma resignação que demonstrava maturidade. Alguém ali lhe compreendia, e esse alguém era Jesus, o Filho de Deus, seu irmão.

Sentou no primeiro banco, contemplando com atenção a figura do Cristo: pernas finas, rótulas expostas e ombros largos. Era notório que Jesus cuidava da alimentação. Sem dúvida corria ou praticava musculação, estava com a barriga sarada. Dava para ver a divisão nos músculos abdominais. Cogitou convidá-lo para o futebol, num final de semana qualquer. Jesus parecia ter boas pernas para bater uma bola, finas e ágeis.

Ao ver a expressão impassível de sofrimento, achou melhor mudar de assunto. Jesus apresentava ar cansado, decerto por ficar naquela posição incômoda tanto tempo. Estava explicado, não era caminhada, nem corrida: fazia yoga, por isso os músculos simétricos e de aparência flexível. Tinha bom treino respiratório também, ficar suspenso pelos braços exigia controle do diafragma, para manter o corpo equilibrado.

Jesus muito calado. Não sabia que assunto puxar com ele, mas gostaria de conversar. Percebia muito em comum, ambos a suportar o peso da própria angústia. Talvez o convidasse para uma cerveja, quem sabe se abrisse um pouco. A maioria dos homens bebe para ter coragem de assumir os sentimentos, ele mesmo fazia isso, com Jesus não seria diferente.

Logo deu-se conta que Jesus passava longe de uma gelada, essa galera que faz atividade física não bebe. Sem problema, sairiam assim mesmo, comer pizza, quem sabe. "Qual sabor você gosta? Pra mim pode ser metade calabresa, metade frango com catupiry. Você come carne, Jesus?" Achou que não, ele tinha cara de vegetariano. Tudo bem, pediriam metade marguerita. "Só não curto brócolis, nem abobrinha." E se ele for intolerante à lactose? "Melhor sugerir um lugar. Eu como de tudo, tirando brócolis e abobrinha."

Simpatizou com Jesus, porém, mesmo depois de puxar várias conversas, ele continuava reservado. Talvez fosse timidez, por estar seminu. "Sente frio, Jesus?" Ou então não gostava de ficar só de cueca em público. "Não curto ficar sem camisa. Mas é por causa da barriga de cerveja. Você está bem, não precisa ficar com vergonha."

O Salvador mantinha-se impassível. "Caladão assim, gosta de literatura, né, Jesus? Li muito quando moleque, dos livros que mandavam como lição da escola. Gostava daquela mulher, como é o nome dela... Ah, Clarice. Ela escreve umas coisas que a gente não entende, mas faz sentido por dentro. Você já leu Clarice?"

Jesus na mesma posição. Não respondia, também não reclamou da conversa. "Serei sincero, gostei de conhecer você. De alguma forma a gente se entende. Sei que não temos intimidade, mas preciso contar um segredo: pensei em me matar, algumas vezes, e não tive coragem. Sou covarde... Meu pai sabe que tá morrendo, apodrecendo por dentro, mas aguenta calado. Tá lá, forte. Até chorou quando recebeu a notícia, como homem, sem fazer escândalo. Eu não sei chorar, Jesus. Faz dias que penso se vale a pena continuar. Antes de entrar aqui, eu tava com esse pensamento... Mas sou fraco, falta coragem... Espero não encher com essa conversa, é que não tenho com quem falar... Às vezes, vem à cabeça umas coisas esquisitas: e se o Céu for dos suicidas? Não que eu acredite em Céu, mas ninguém sabe, né? E se o maior mistério da vida for desistir? E se dar fim a si mesmo for a maior prova de fé? Penso assim: a pessoa tem tanta fé no que vem depois que desiste da vida terrena. Será que só os descrentes continuam? Sempre me vejo covarde por ser apegado à vida e sinto que serei castigado com o silêncio eterno. Porque se tiver Inferno, não terá esse negócio de choro e ranger de dentes. Senão o Inferno seria aqui, a gente chora pra nascer e pra morrer. Tem gente que chora o tempo todo, a vida toda. Eu não sou de chorar, já disse, né? Inferno é silêncio, pleno silêncio. Pensando bem, nem acredito em Deus. Você acredita em Deus, Jesus? Tá, desculpa, essa pergunta é muito íntima, nem precisa responder."

Olhou o relógio, as horas se faziam adiantadas. Achou melhor voltar para casa. "Foi bom conversar com você. A gente se vê qualquer hora."

No caminho, relembrava como Jesus era legal, apesar de muito calado. "Tem gente que é assim mesmo. Fazer o quê?"

Via-crúcis do macho

Nona estação: o homem e sua pequenez

Na lógica masculina, pau come buceta. Pobre protagonismo fálico. Homens que são os devorados: vagina abocanha pênis, cu fagocita cacete, boca absorve rola. O pênis é funcionário de todos os buracos, em busca de qualquer acolhida. Externo, exposto, o que sobra do corpo.

Quando não consegue se entranhar em algum orifício, contenta-se com o afago de cinco dedos. Homens acostumaram tanto a tudo ter nas mãos que inventaram a pornografia, para sequer fantasiar a fim de sustentar as próprias ereções.

Como homens se apoiam na suposta potência, é nos momentos de rigidez que encontram qualquer valor. Excitam-se com a própria excitação, ignorando a possibilidade de prazer mútuo. Entregam-se às perfurações, para provar a si mesmo que são capazes. Mas capazes de quê?

Tiago, o menor

Sinopse
A palavra gordo é pesada. Ninguém a pronuncia isenta, como dizer alpiste. É sempre taxativa e sentenciosa: GORDO. Pequeno é palavra grande para definir o que tem no meio das pernas. Desnudando, para que fique explícito, é gordo, com pinto bem pequeno – do tamanho do bem, não do pequeno. Um peso e uma medida: 122 quilos, 8 centímetros, soterrado na banha.

Cena 3
Colegas de trabalho fizeram a aposta. Quem conseguisse foto dele nu, ganhava o dinheiro do bolão: dois mil reais, quatrocentos de cada, cinco amigas no total. Assim começou O Desafio.
Ele, ignorado todo tempo, naquela semana virou centro das atenções. Recebeu convites para almoço, ganhou brigadeiro no meio do expediente e, pela primeira vez, foi incluído na roda de fofoca entre a máquina de café e o bebedouro.
Não desconfiava dos riscos pelas costas. Nem que indagavam se via o próprio pau por causa da barriga. Sequer imaginava que aquilo fosse um jogo. Era virgem, especulavam, ainda que não fosse. Ou melhor, era quase.

Cena 1
Ficou com Roberta nos tempos da escola. Ela gostava de gordinhos e passou a sentar com ele no recreio. Vieram os beijos, a mão nos seios e por debaixo da saia. Depois

os dois no quarto dela, nus. Ele não sabia o que fazer. Ela, sem vontade, vestindo a roupa.

No outro dia, as piadas: não tinha pinto.

Então, entendeu que seu problema maior não era ser gordo. Então, descobriu a existência das médias de tamanho do pau, repetente em todas. Então ele, macro no peso, sentiu as toneladas de ser micro. Então, se tornou retraído e ficou mais gordo, por compensar tudo na comida. Então, acabou inseguro, ainda que considerasse não ser virgem porque deitou na cama com uma mulher nua. Então, por causa de Roberta, passou a ter medo das mulheres. Então, se tornou calado, melhor aluno da sala, viciado em games, estudante de computação para não se relacionar com pessoas. Então, por ser antissocial, tornou-se ótimo em questões complexas, incluindo passar em primeiro lugar nos concursos. Então, por passar em concursos, acabou responsável pelos computadores do setor administrativo e alvo da aposta.

Cena 4
Bárbara se aproximou e fez o convite:
– Quer sair qualquer dia?
Ele não entendeu, mas disse:
– Sim.
Afinal, eram colegas de trabalho, e colegas de trabalho saem depois do expediente.
– Quando você pode? – ela perguntou.
– Quando você puder – respondeu.
– Hoje?
– Hoje.
Combinados, mesmo sem acertar detalhes.

Cena 5
No bar da esquina, brindaram o primeiro chope. Porção de pastéis para matar a fome.
Bárbara descobriu que ele era divertido.
Mais um chope, depois outro, mais um e outros. Perderam a conta. Ele tonto.

Cena 2
Bebeu apenas uma vez. Porre mesmo, de vomitar e tudo. Isso por causa de Roberta. Não que estivesse apaixonado, é que não soube reagir à chacota dos colegas. Passou uma semana sem ir à escola.
O porre, com uísque barato roubado do bar do pai, foi tentativa de esquecer. Pensou: se morresse tudo se resolvia, mas percebeu que não valia acabar com a vida por algo tão pequeno. Voltou para a escola, apenas.

Cena 5 [continuação]
Tonto, desacostumado a beber. Bem tonto mesmo.
– Quer ir à minha casa?
Ele não entendeu, mas disse:
– Sim.
Foram no carro dela, que de propósito bebeu bem menos que ele, deixando metade do chope no copo. Sem contar que era quase imune ao álcool, depois de tantos anos de bebedeira.

Na porta do apartamento, ela o beijou. Continuava sem entender, mas ao beijá-la de volta, disse outro sim.

Muito tonto. Ainda mais tonto depois de ficar sem ar por causa do beijo. Os dois na sala. Ela continuava beijando. Ele, sem entender. Mas como era bom beijar...

Bárbara o empurrou no sofá, caiu pesado sobre as almofadas. Sentada por cima dele, pernas bem abertas para conseguir encaixar, beijando com gastura por ele estar suado, cara oleosa de quem passou o dia no trabalho, boca cheirando a pastel de carne e chope.

Desabotoou a camisa. Os mamilos caíram tristes, apontando para baixo. Rosados até. Alguns pelos mal plantados no peito. Afrouxou o cinto, primeiro o botão, depois o zíper, abaixou a cueca, que não era boxer, respirou fundo e mergulhou. Nisso ela já estava de joelhos. Quis rir quando viu, ou melhor, quando não viu, mas se conteve. São dois mil reais, repetiu como incentivo.

Pentelhos pouco fartos, mata ciliar a preservar o que devia ser exposto. Bárbara empurrou a banha e descobriu o pau tímido, enrugado, indefeso. De graça, encarou coisa pior, encorajou a si mesma. Engoliu tudo, sem esforço. Estava morto, não reagiu, mesmo depois da tentativa de reanimação.

Com a cabeça pendendo para trás, ele dormia. Nada podia ser tão perfeito. Bárbara sacou o iPhone da bolsa e atirou três vezes.

O que fazer com o corpo? Não daria conta de colocá-lo para fora. Deixou-o ali mesmo, morto de bêbado no sofá.

Cena 7
Quase manhã quando acordou. A cabeça doía. Ficou sem entender a camisa desabotoada e a braguilha aberta. Só soube que estava no apartamento de Bárbara por causa do pôster de vinil, com a foto da formatura, pendurado na parede. *Parabéns, Barbie, você venceu*, estava escrito.
    Ele levantou e ajeitou a roupa. Na rua, tomou um táxi para casa.
    Chegou ao trabalho atrasado, pela primeira vez.
    Os colegas gargalhavam com os olhos.

Cena 6
Depois de deixá-lo dormindo bêbado na sala, Bárbara foi para o quarto e mandou a foto do crime para o grupo O Desafio. Do grupo, vazou para muitos celulares, de outros setores. O que era motivo de angústia incontornável para ele, provocou o riso dos colegas de repartição.

Cena 8
Parabéns, Barbie, você venceu. Dois mil reais e a admiração das amigas.

Cena 9
A única que não riu foi Camila, do RH. Ela quem avisou o que acontecia, mesmo sem coragem de mostrar a foto. Também se queixou ao chefe, pediu providências, mas considerou apenas uma brincadeira entre colegas.
    Ele não voltou do almoço.

Cena 10
Cogitou abandonar o emprego. Fazer outro concurso, ou quem sabe até mudar de país. Mas ponderou bem, não valia se chatear com coisa tão pequena.
　　Dois dias depois, decidiu reforçar a experiência que adquiriu na escola. Voltou ao trabalho, apenas.

Cena 11
Camila aconselhou que entrasse na justiça. Ele preferiu, mais uma vez, ignorar. Além do mais, era um pouco menos virgem. Segunda vez com uma mulher.

Cena X
Camila até tentou por duas, três ou quatro vezes experimentar o que os homens podiam oferecer. Na primeira vez, estava nervosa, além de seca, acabou contraída. Resultado: dor insuportável e a certeza de que jamais repetiria aquilo.
　　Traiu-se. Experimentou outra vez, com menos dor, mas sentindo a mesma apatia. Pensou que talvez seu negócio fosse mulher. Provou, não era. Faltou tesão, ainda que a menina fosse talentosa.
　　Trocou a ideia de casamento pela companhia dos livros. Quando o corpo falava alto, satisfazia-se com recursos próprios, dedilhadas leves e contínuas, arpejante. Fantasiava com os personagens dos livros. Fechava os olhos e se imagina tocada por Bentinho ou Basílio.
　　Queria companhia, mas desejava homem que não a dilacerasse. Tinha pavor de qualquer coisa maior e mais grossa que o indicador. Contraía-se só de pensar em ser

penetrada, tinha até pesadelo com cacetes gigantes que a dilaceravam.

Camila desejava homem que a descobrisse com calma, sem devastações. Um homem sem pinto, a democracia na cama, igualdade dos corpos diferentes.

Até contou o desejo para uma amiga, que riu debochada.

– Vai desperdiçar a única coisa que se aproveita num homem?

No entanto, era com isso que não se conformava. Queria saber o que um homem oferecia além dos estragos fálicos. Descobrir o prazer extrassensorial, sinestésico, que não reduzisse sexo a jogo de encaixe.

Só via sentido em casar com homem que lhe apresentasse a transcendência do encontro dos corpos. Todos pareciam se preocupar com a própria autossatisfação. Meter por meter, em qualquer buraco, em todos os buracos, ostentando o pedaço roliço de músculo inflável. Machos precoces em suas ejaculações, mas atrasados na compreensão das possibilidades do prazer. Ela ansiava pelo homem que a desbravasse por inteiro.

Cena 12
Para Camila, o motivo do riso coletivo era a concretização do sonho. Naquela noite, masturbou-se pensando nele. Preferiu não olhar a foto, fantasiar era mais excitante. Gozou duas vezes e decidiu: queria aquele homem.

Cena 13
Camila tentou se aproximar. Ele não deu abertura.

Esperou algumas semanas e tentou outra vez. Ele mais esquivo.

Foram meses de tristeza. Ela chorou muito por não conseguir conquistá-lo. Afundou-se em chocolates e nos livros.

Cena 14
Festa de fim de ano. Salão alugado com decoração brega e comidas frias. Todos bebiam para fingir ser feliz. Camila bebia por estar, ainda, com o coração partido. Bebeu além da conta. Tanto que criou coragem para falar com ele, sentado sozinho numa cadeira no canto, comendo coxinhas e rissoles oleosos.

– Eu te amo – ela largou com a voz confusa.

Ele não entendeu, mas disse:

– Sim.

E esticou a mão com uma coxinha.

– Não, porra, E.U.T.E.A.M.O!

Ele entendeu e ficou calado.

– Eu te amo, caralho – repetiu impaciente.

– Só quer rir, sabe que meu pau é pequeno – relembrou constrangido.

– Não quero um pau, quero você!

Ele não soube o que dizer.

Camila se aproximou e conquistou o beijo. Foi recíproco. Teve uma ereção, imperceptível na calça jeans. Ele achava Camila bonita.

Cena 15
Namoraram por dois anos e casaram. Não no papel, claro, desconsideravam essas coisas pequenas.

Ele jamais pensou que seu menor defeito pudesse ser uma grande qualidade. Ela nunca imaginou encontrar o homem dos sonhos de forma tão inusitada. Mas é assim que as coisas acontecem, ao menos na vida real.

Camila curtia tanto aquele homem. Ele era obrigado a ser próximo, não podia se afastar para ver o próprio teatro, senão o espetáculo acabava. Em vez de se assistir, pau entrando e saindo, olhava para ela, observava as reações do corpo, os gemidos, as contorções do quadril. E ela gozava, transcendental. Passou até a gostar de ser penetrada. E, como boa amante, começou a treinar pompoarismo para agradar seu homem.

Cena final
Para não perder o costume literário, nomeou o pinto dele com o apelido de Smallby Dick.

[Final alternativo]
Bárbara aproveitou os dois mil reais da aposta, juntou com o pagamento das férias e viajou para Machu Picchu. Nas ruínas andinas, encontrou um sueco, loiro, 1,90m, olhos azuis e sorriso débil. Transaram atrás de um muro de pedras e apaixonaram-se. Fizeram sexo pelo Skype, muitas vezes. Casaram seis meses depois e ela foi morar em Amsterdã. Axel também tem pinto pequeno. Nem tanto pequeno, mas bastante fino. Bárbara o deseja e quase sempre goza quando transam.

Via-crúcis do macho

Décima estação:
o homem e suas violências

Na Grécia Antiga, homens mais velhos tutoreavam os mancebos. O pupilo era iniciado nas artes, na política, na filosofia e na putaria. Pena que a tradição grega caiu no esquecimento. Todo homem deveria, ao menos uma vez na vida, ser enrabado por outro. Assim, aprenderia a usar a carne inflável entre as pernas como objeto de prazer e não de dor.

Sábios gregos, descobriram na sodomia a didática adequada para ensinar democracia.

Judas Tadeu

Calor de febre entra pela janela. Corpo suado se contorce feito salamandra em chamas. Cortinas rotas acompanham a coreografia. O homem na cama assiste sem muito interesse.

O pequeno abajur na mesinha improvisada se esforça para iluminar o quarto. A luz fraca alonga as sombras, projeta estampas em movimento na parede. Cheira bem comparado a outros estabelecimentos da zona, mistura de desinfetante barato com perfume de puta. O calor ressalta os aromas. Não fosse a janela aberta, estaria irrespirável.

O homem lembra da esposa, santa mulher. Viaja todo mês para Piracicaba, visitar a tia velha e doente – mais velha que doente, ou doente de velha. Ele aproveita a folga e libera o instinto de macho: faz com as putas o que não é correto com a esposa. Tão decente, casou de véu, grinalda e hímen. Na noite de núpcias, sangrou no lençol, como boa mulher: intocada.

Espanta a lembrança da esposa e se concentra na coreografia. Corpo bem-feito, cabelos pretos, lisos, um pouco abaixo dos ombros, pele morena com reforço do bronzeado, cintura marcada, peitos firmes cobertos por dois dedos de pano. Shortinho jeans mostrando metade da bunda. Nada por baixo. Puta fresca, recém-chegada na casa, vigor de quem não foi chupada pela vida.

Aproxima-se com a dança incandescente, quadris em rotação. Sobe as mãos pela calça jeans, tenta abrir o zíper, quando é interceptada.

O homem manda tirar a roupa, que não é muita. Também se despe, fica só de meias.

– Me chupa, vadia.

Força que engula tudo.

Cacete enterrado na garganta. Ela não consegue respirar. Precisa de ar. Ar. Pouco que seja. Ar. Qualquer respiro que chegue aos pulmões será suficiente. Ar, de qualquer tanto. A..................R. Entalada, sente ânsia de vômito. Ele continua a forçar o quadril para frente. A estaca de carne impede a respiração. Sente que vai desmaiar. Precisa respir..........ar.

Movimenta a cabeça com força e consegue inspirar. Olhos irrigados. O homem sente sádico prazer com a cena: ela de joelhos, submissa e engasgada. Ele, de pé, mostra quem manda. Depois de algumas estocadas fundas, afrouxa as mãos. Ela respira como quem recobra os sentidos pós-afogamento.

– De quatro, cachorra.

Deita na cama e fica na posição, bunda arrebitada. O homem coloca a camisinha, dá uma cusparada na mão, passa no pau. Ela aperta as mãos no lençol. Não aguenta e mergulha na cama.

– Tô pagando, vagabunda.

Enfia o pau outra vez e a segura com força pela cintura. Ela geme fingindo prazer. Observa as sombras na parede, parecem os vultos que tanto a assombravam quando criança. Mal sabia que deve temer os homens e não os fantasmas.

Cansado de ficar em pé, deita por cima dela. O peso do homem esmaga o corpo moreno contra o colchão, cara enterrada na espuma. "Os lençóis não têm cheiro. Foram lavados?" Tenta não se distrair e capricha nos gemidos para que ele goze logo. Gemidos contidos. Gemidos médios. Gemidos profissionais, com direito a gritinhos:
— Isso, mete!
A cama também geme alto.
— Mete, gostoso!
Não goza. Não goza. Não goza.
Não goza.
Nunca.
O homem ordena com voz seca que fique de joelhos ao lado da cama.
— Aqui na minha frente, safada.
Aperta os olhos. Sente a gosma quente cair na cara, escorre pela boca, cerrada com força.
Ele limpa o pau na toalha, pendurada no encosto da cadeira ao lado da mesinha com abajur. Quando acaba, joga para que ela enxugue a porra que pinga no chão.
Os dois em silêncio.
Enquanto veste o pequeno short jeans, pensa alto:
— Fode mal.
O homem a encara sem acreditar.
— O que tá latindo, cadela?
— Foda fraca. Não sabe comer mulher.
Começa a estapeá-la. Ter seu estatuto de macho questionado por uma puta?
Enquanto apanha, grita:
— Foda fraca! Não sabe comer mulher.
Sente-se vingada ao agredi-lo com palavras.

Bate cada vez mais forte, para que ela, mulher e puta, engula tanta audácia.

– Foda fraca!

Ele a agarra pelo pescoço, aperta com força. Outra vez sem ar. Ar. A..............R.

– Fo......... f......rac...

A puta do quarto vizinho grita:

– Jorjão!

E outra vez:

– Jorjão! Jorjão!

O segurança entra alvoroçado, dá um soco no homem e o arrasta para fora do quarto. Cabeças no corredor veem o que acontece. Os dois descem as escadas a ponto de rolar pelos degraus.

Com brio arranhado, só de cueca e meias, é enxotado porta afora. Cai no chão de paralelepípedos. Rala os joelhos.

Ela, logo atrás, carrega as roupas do homem. Antes de arremessá-las na rua, pega todo dinheiro: uma cédula de cem, duas de cinquenta e poucas notas de menor valor. A carteira cai aberta, entre bituca de cigarro e tampinha de garrafa. A esposa sorri singela do retrato 3x4, guardado no bolsinho plástico.

– Foda fraca! – ela solta uma gargalhada, interrompida pela dor na garganta recém-enforcada.

"Foda fraca! Não sabe comer mulher", ecoa na cabeça enquanto dirige para casa. Ter o desempenho questionado por uma puta? Demais para ele.

Verdade em boca de puta é pior que tiro. E ele foi alvejado. Acertou o centro do orgulho de ser homem.

Em casa, senta na cama vazia e olha o retrato da esposa na carteira. Sente saudade. Acaricia o rosto estático no papel, jura, em vão, nunca mais traí-la.

Via-crúcis do macho
Décima primeira estação: o homem e seus desejos

A realização íntima de todo homem é se sentir mulher. Entrega mamilos para serem abocanhados em troca de qualquer prazer. Anseia ser mamado, a fim de jorrar seu leite, tantas vezes desperdiçado. Prefere bocas que engolem para, por um instante, também se sentir provedor de vida.

Homem é coisa muito frágil. É possível até deixar de sê-lo. Ser homem é condição tão artificial quanto insustentável: não se nasce homem, forja-se.

Ofende-se ao ser chamado de mulherzinha, como se ser mulher fosse insulto. Viado! Bicha! Maricona! O macho treme e se desespera. É incapaz de perceber que ofensa é seu motivo de orgulho: ser chamado de homem.

Simão

Nada tinha a perder quando decidiu experimentar.

Escriturário aposentado, filhos criados, viúvo. Tudo findou mais rápido do que esperado. Acabou sozinho no apartamento cheirando a lembranças, fantasmas do passado encarnados em todos os cantos. A mulher nas almofadas, nos bibelôs e quadros, na posição dos móveis ordenados enquanto estava viva. Mas isso faz anos. Tantos que só o retrato na estante impede que a imagem dela se apague.

A leitura e as religiosas caminhadas no final da tarde se tornaram insuficientes para ocupar o tempo. Passou a frequentar o grupo de oração dos homens na Matriz, porém, mesmo assim, sobrava tanto tempo...

Começou a jogar xadrez com semiconhecidos, na praça em que foi moço um dia. Praça onde segurou a mão da finada pela primeira vez. Mão que tremelicava com aquele contato por ela tão esperado. Contato que acabou em beijo, tímido, com a pressa de quem comete pecado.

Tudo agora é só lembrança, e sobra muito tempo. Tanto que, certa tarde um pouco fria, perguntou a si mesmo: "Por que não?". Perguntas são perigosas, veem depois das respostas. São feitas para fingir que há qualquer razão nas escolhas. Antes de questionar-se, a resposta era: sim.

Apenas desconhecia como, ou onde. Não era o tipo de coisa que podia perguntar aos semiconhecidos do xadrez, como informação de local para fazer bainha das calças. Precisava descobrir sozinho. Empreitada nova para homem velho, que ousou questionar a si mesmo: "Por que não?"

A resposta sempre ali, em meio aos classificados, nas folhas finas e amareladas, que todas as manhãs sujavam seus dedos.

Ligou. Coração palpitando, mas ligou. Apertou as teclas do celular com força. Parecia esmagar alguma dignidade que fingia ter. Foi como se estivesse vigiado por mil olhos, nu em público, flácido, encolhido por causa do frio.

Como combinado, chegou às 20 horas.

– Pode subir – liberou a entrada pelo interfone.

O coração disparou quando a batida dos dedos ecoou aguda na porta.

Abriu com a pressa do nervosismo, sem saber o que esperar.

A encomenda, que também era o entregador, chegou conforme anunciado: moreno, 1,83m, 79 quilos, sarado, disponível para saciar qualquer vontade. Quente.

Aperto de mão como primeiro contato. A dele fria, segurada com força pelo jovem que dizia ter 25 anos e pisava no tapete da sala com tênis empoeirados da rua.

"O que conversar?" Desconhecia que cerimônias eram desnecessárias. As mãos ficaram ainda mais frias quando o michê, como chamava no seu tempo, chegou perto. Vestia jaqueta de couro gasta, por cima de camiseta branca de algodão, calça jeans e tênis de mola preto.

Aproximou-se com beijo, parte do serviço solicitado. Ficou sem fôlego, de surpresa e excitação: como beijar qualquer boca, ainda que o arrepio na nuca gritasse: beijava outro homem. Sim, outro homem. E achou bom aquele cheiro quente, que espantou a frieza da noite de quase inverno. Ele também resistia homem, sentiu entre as pernas. A temperatura do corpo subiu alguns graus.

Os dois no quarto. Ele, velho, receptivo, aberto às possibilidades. Entregue desde que disse sim ao perguntar a si mesmo: "Por que não?" E tudo o que imaginou durante tantos anos era bom. Tão bom quanto qualquer coisa feita com vontade. Era encontro de peles, independente do gênero, ainda que o coração palpitasse alto e a nuca ardesse com a certeza rija de que estava com outro homem. "Foda-se", gritou para a própria censura, rebeldia que relembrou os rápidos anos da juventude.

Acabou logo, ele achou. Mas seria desonesto reclamar. Talvez não tivesse idade para tanto. Pagou pelo serviço, era justo. Mais que o combinado, inclusive. Sempre achou cordial reconhecer trabalho bem-feito.

Despediram-se com aperto de mão, que estava menos fria.

– Até a próxima – sorriso franco, talvez um tanto indecente.

Ao fechar a porta, perguntou a si mesmo, ainda a fervilhar na pele o êxtase da novidade: "Por que não antes?"

Via-crúcis do macho

Décima segunda estação: o homem e suas traições

Homens, em sua maioria, são incapazes de fazer coisas gratuitas, como elogiar sem interesse e abraçar livre de devassidões. Muitos são excelentes poetas – publicitários dos afetos –, especialistas em demonstrar sentimentos em palavras, mas péssimos ao praticá-los. Mais uma forma de louvar a si fingindo cantar amores e dores.

Como desculpa, é possível dizer que é por causa da formatação do corpo: enquanto homens se expõem, alarmando bolas e pênis, mulheres se interiorizam em vaginas e úteros. Talvez por isso sejam melhores ouvintes, compreendem de maneira íntima a dimensão do vazio. Homens não: esvisceram, dilaceram, fraturam. Onde se interiorizam? Não na reza, que serve para afagar o próprio orgulho. Não na poesia, troféu narrado da vaidade. Onde se interioriza o homem? Em sua cova? Talvez. Ou nem isso, lá expõe a verdadeira forma.

O grande desafio de todo homem é não ser traidor de si mesmo.

Judas Iscariotes, o traidor

Malas prontas e a promessa: não seria igual ao pai.
Saiu do interior com a finalidade de se construir homem. Calouro na universidade, idealista e obstinado por trilhar caminhos distintos: ficaria diferente dos demais, ou seja, o oposto do pai. Proibia-se de repetir os erros dos colegas de gênero. Urgia repensar um novo homem. Seria ele o próprio experimento, a prova viva de que era possível ser outro.
Tratou de mudar as roupas, o corte de cabelo e a forma de falar. Fez também amigos de cores e gostos diversos daqueles com quem conviveu no colégio de freiras. Pobres irmãs, corpos dominados pelo hábito, olhares reclusos e submissos. Olhar que tantas vezes viu estampado no rosto da mãe, mulher feita para os afazeres da casa: cozinhar, e lavar, e passar, e perder o sono por causa dos filhos, e se doar por inteiro para satisfazer a sede lasciva do marido. Todos se curvavam diante dele. Que oferecia ao mundo o áspero e incauto macho branco e barrigudo?
Seria diferente, estava decidido.
Movimento negro, causa gay, sustentabilidade, liberdade religiosa, feminismo, liberação da maconha, legalização do aborto, veganismo, democracia direta e produção artesanal, inteirou-se de tudo. Leu livros, assistiu documentários, participou de fóruns de discussão, rodas de debates, congressos nacionais e internacionais. Tornou-se eloquente na defesa dos oprimidos por algum poder estabelecido. O mundo não podia continuar como estava.

Colocou alargador na orelha, fez tatuagem, os cabelos lisos e louros – "Tão lindos", dizia a avó – deram lugar a dreads. Passou a vestir toda sorte de estampas, apenas de tecidos naturais, roupas compradas em bazares e brechós. Jamais seria igual ao pai, que passou, inclusive, a reprovar as atitudes do filho.

– Quer envergonhar a família – ralhava. – Desse jeito acaba igual ao tio...

Seria demais outro maricas desonrando o sangue alemão dos antepassados.

– Ele não é nem louco – o pai repetia.
– É fase, Alberto. É só um garoto – a mulher acalmava.
– Pois que passe logo – bradava.

Que diriam os parentes? Apontariam o dedo e lançariam culpas de não terem educado direito. Se bem que isso seria injusto, o primogênito, Junior: Alberto Junior, que rapaz exemplar. Engenheiro civil formado pela PUC de São Paulo. Isso sim curso de homem, não... Ciências Sociais.

– Quem faz esse curso é o quê? – indagava o pai; achava que era formação de mulher, que gosta de ajudar e tem paciência. – É pra ser aquele negócio de cuidar de criança pobre, né? Como é o nome? Assistente social, isso, vai acabar no Conselho Tutelar ajudando a criar filho de vagabundo e biscate.

Quisesse ajudar mesmo, como bom cristão, que fizesse Direito, ou Economia. Isso sim profissão honrada para homem distinto e de família, o pai considerava. De tanto pensar, acabava com culpa: saiu dele, afinal. Talvez algum espermatozoide goro, que se adiantou e chegou na frente de outro mais forte. Melhor ter vindo menina, para formar o casal, como queria a mulher.

Avaliando bem, não tinha culpa, o desgraçado herdou o gênio da mãe, com mania de se compadecer de tudo. Chorava até com bicho atropelado na estrada, coisa mais fresca. E mimaram demais o menino, paparicado por ser caçula, com aquele ar vulnerável e bochechas rosadas. Ele dizia para dar jeito no cabelo do moleque. Nunca o ouviram. Agora estava aí, deu no que deu. Restava torcer que não terminasse como o tio. Faltava o ar só de imaginar filho seu servindo de montaria para outro macho. A vista até escurecia.

Alívio quando chegou com a namorada para o Natal. Há tempos não tratava tão bem o caçula, talvez só quando ele decidiu entrar na escolinha de futebol. Ao menos estava livre de ser como o tio. Na hora da ceia, fez brinde ao casal:
— Que venham logo os netos — ergueu a taça de vinho branco, produzido com as uvas da fazenda.
Duplo orgulho: não ter filho viado e honrar a tradição da família de cultivar as melhores uvas da região. Tradição que logo morreria, com os herdeiros que debandaram para a cidade. Até tentou que o mais velho fizesse Agronomia, mas o menino levava jeito mesmo para Engenharia, cabeça boa para matemática, hábil no desenho desde pequeno. Era melhor nem se queixar, ao menos não inventou de fazer Arquitetura. Dos males, o menor.
Depois do brinde, a mãe entregou abraço terno, feliz que tivesse encontrado moça tão encantadora para dividir a vida.

– Cuide bem dela, meu filho – orientou com os olhos piedosos.

– Não se preocupe, mãe, aprendi com o pai o que não devo fazer.

Ela baixou a cabeça.

Conheceu Marcela na Marcha das Vadias. Vestia minissaia de babados rosa e um top azul turquesa. Ele vestia. Gritava palavras de ordem em defesa da mulher, da igualdade de gêneros e do empoderamento feminino. As tranças raiz e o batom vermelho chamaram a atenção de Marcela. Ela, apenas de sutiã e calcinha, segurava cartolina com escrito de lápis de olho: **No meu corpo mando EU!** Considerou que tinha lindos seios, desses de tamanho médio, que demoram a sofrer a ação da gravidade. Quis saber se as aréolas eram tão rosadas quanto os lábios. Imaginou também os grandes lábios.

– Do corpo ela faz o que quiser! – gritou no megafone.

Ela sorriu. Ambos se juntaram em coro:

– Eu sou vadia mesmo! Eu sou vadia, sim! Meu corpo, minhas regras. Macho não manda em mim! Não manda em mim!

– Quer tomar açaí orgânico depois daqui? – ele perguntou.

– Sim – ela respondeu.

Marcela cursava Psicologia, 21 anos, vegana, defensora do direito dos animais, feminista radical e um tanto passional. Sonhava em ter filhos e dois cachorros: Simone e Sartre. Ele seria bom pai? Sim, não era igual aos outros. Um homem de saia, afinal.

– Tão difícil encontrar homens que entendam a causa feminista – ela falou.

– Sim – ele respondeu.

No açaí, comentaram sobre os rumos do país, a intolerância dos neofascistas da direita. Era urgente o levante da esquerda, rearticular os partidos e lançar propostas que fizessem jus à democracia.

– É preciso dar voz aos excluídos – ele falou.

– Sim – ela respondeu.

Marcela achou o sorriso dele bonito. Marcela queria conhecê-lo mais.

– Me adicione no Facebook – ela falou.

– Sim – ele respondeu.

Conversaram até o início da noite. Ficaria horas naquela conversa, mas a reunião do grupo de pesquisa na faculdade o impedia. Tentaria a seleção do mestrado no final do semestre, precisava mostrar interesse, fazer contato com o orientador.

– Quer carona – ele falou.

– Sim – ela respondeu.

Ao entrar no carro, arriscou um beijo. Ela aceitou.

– Nos vemos depois – ela falou ao descer.

– Sim – ele respondeu.

Logo estava no apartamento dele, comendo tapioca recheada com tofu, rúcula hidropônica e tomate seco. Assistiam a filmes alternativos e ouviam músicas de bandas instrumentais desconhecidas.

Tudo tão rápido que, dois meses depois, Marcela estava na ceia de Natal, ouvindo o brinde do sogro e recebendo abraço afetuoso da sogra.

Tudo tão rápido que, em menos de um ano, fizeram mochilão pela América do Sul; adotaram Simone, cadela vira-lata da feira de animais abandonados, e começaram a biblioteca particular com livros comprados em sebos.

Tudo tão rápido que Marcela passou a estar sozinha, mesmo acompanhada. Ensaiou falar que se sentia insegura com o relacionamento. Queria dizer que, além de discutir os problemas do mundo, precisava ser ouvida, mesmo quando não tivesse nada de relevante para falar. Queria dizer que estava esfriando, e nem era por causa do inverno. Queria dizer que letras de Clarice Falcão, escritas em guardanapos, não compensavam a falta de diálogo porque ele vivia ocupado com resenhas e fichamentos. Tentou dizer muitas coisas. Disse tantas outras. Ele não ouviu nenhuma delas.

Homem como ele não acharia fácil por aí. Defensor da igualdade de gêneros e consciente que o mundo precisava mudar com urgência. Era tão egoísta a ponto de inventar caprichos só para reclamar? Justo ele, que sabia onde ficava o clitóris e esperava ela gozar antes? Cobrava demais e isso era injusto.

Tudo tão rápido que Marcela não soube o que fazer.

– Só pensa em você – ela falou.

– Não – ele respondeu.

Era demais ouvir isso. Ele lavava os pratos e levantava a tampa da privada, que mais ela queria?

Decidiu esperar. Depois do mestrado tudo voltaria a ser como deveria. De fato, ele andava sem tempo, não é fácil terminar uma dissertação. Seria compreensiva.

Ele comprou flores orgânicas e aprendeu a tocar uma música de Marcelo Jeneci no violão, dedicada a ela no churrasco de vegetais com os amigos. Viajaram para Europa e ficaram bem. Os dois em albergues, passeando de bicicleta por Amsterdã, café no Champs-Élysées, foto de casal em frente à Torre de Pisa e discussão sobre os rumos da humanidade ao lado dos restos do Muro de Berlim.

Tudo tão rápido que nada acontecia.
– Cobranças outra vez? – ele falou.
– Não são cobranças – ela respondeu.
– Então é o quê?
– Quais são meus sonhos?
– Casar e ter dois cachorros.
– E...
– Ser feliz, comigo.
– Não me enxerga mesmo. Só consegue pensar em você.
– Penso em nós, no futuro, no mundo.

Ele trocava lâmpadas, remexia a composteira e ainda saía para passear com Simone. Que mais ela queria? Deveria incentivá-lo, isso sim.

Marcela sentia falta, apenas, de diálogo. Conversar de forma despretensiosa, sem que tudo fosse disputa filosófica. Ficar juntos, esquentar os pés embaixo da manta e falar besteira. Qualquer intimidade boba. Ele não podia perder tempo, precisava se preparar para a seleção do doutorado. Além disso, tinha que gerenciar a associação de pesquisas sobre afetos políticos, organizar o simpósio em defesa da visibilidade da mulher negra na sociedade pós-moderna e viajar para um congresso, onde apresentaria o artigo sobre as nuances do homem feminista na sociedade pós-industrial.

Marcela sentia falta de vida não teorizável. Queria que seu corpo fosse só amontoado de células, com desejo de encontrar outras células, externas, distintas. Marcela queria demais.

Tudo tão rápido que ela pediu um tempo. Ele reagiu como esperado: ela era injusta, infantil, estragaria tudo por capricho.

– Você nunca me ouve.
– O que você quer?
– Que fosse menos egoísta e pensasse em nós.
– A egoísta aqui é você – apertou o braço dela.
– Me largue!
– Você me tira do sério.
– É igual a todos os outros – ela falou.
– Não – ele respondeu.

Tudo tão rápido que Marcela decidiu terminar.

– Quem perde é você – ele falou.

Ela não respondeu.

Juntou roupas, livros e alguns vinis, colocou numa mala de couro vegetal e em ecobags. Quis levar Simone, ele não permitiu.

Marcela saiu e bateu a porta.

Na sacada, ele fumou um baseado para relaxar. Estava livre para viver o que quisesse, quem sabe um poliamor. Não teria Marcela enchendo o saco. "Ela quem perde." Logo ele, macho descontruído, livre de qualquer preconceito. Sim, perdia muito. Perdia ele que, de tão diferente, acabou igual ao pai.

A crucificação

Todas as manhãs, os galos gritam. Só para isso servem. As galinhas, essas trabalham: esculpem ovos, tecem ninhos, fazem novas galinhas e galos. Com o despertador, galos se fizeram dispensáveis. Homens, como galos, tornaram-se desnecessários depois da inseminação artificial. Quisessem as mulheres, fariam guerra e os eliminaria. No entanto, ainda que saibam da ineficácia deles, não desejam aniquilá-los, elas deixam viver, por mais medíocre que seja a existência.

Homens são conscientes da pouca serventia. Descobrem quando mamam: seios fartos lhes dão vida e prazer. A figura da mãe é esmagadora para o homem, nunca conseguirá ter a força e a importância da mulher. Um só homem seria pai da humanidade, o que atesta a inutilidade dos demais. Em busca de valor que não têm, e assumindo a fraqueza, apelam desde pequenos para força e violência.

Homens se apressam em produzir por serem inaptos para reproduzir. Crescem, vestem ternos e impostam a voz: trabalhamos para sustentar a família. Inventaram fábricas, guerras e escritórios em busca de importância. Dissimulam a barateza com produtos caros. Procuram nas coisas valor que não encontram em si. Formataram sociedades humorísticas e patriarcais que tentam, a todo custo, roubar o protagonismo das mulheres.

Dessa inutilidade, nasce o anseio por dominar tudo, inclusive os da própria espécie. Homens criam armas, fazem guerras e, depois, apresentam-se como heróis. Gravam filmes e escrevem livros sobre confrontos que inventaram a fim de forjar importância que não têm.

Mulheres choram no retorno de pais, maridos, irmãos e filhos que voltam do combate, vivos ou mortos. Em uma sociedade decente, não receberiam comendas ou medalhas, mas bofetões na cara. Inexiste qualquer heroísmo em quem peleja, são bostinhas que matam seus semelhantes. A guerra é atestado do fracasso. Nos campos de batalha, os mais desprezíveis sobrevivem. Em nome de quê? Para proteger quem? De quem? Homens são a única e real ameaça.

Bombas, armas, mísseis, tanques, granadas. Mutilam-se. Degolam-se. Estrangulam-se. Às mulheres, cabe o vazio, o pranto, o luto, cuidar dos feridos, parir novos filhos para substituir os mortos.

A vida vem da mulher e são elas as principais responsáveis por preservá-la. Os homens, para encontrar alguma serventia, tornaram-se funcionários da morte.

Jesus chorou.
(João, 11:35)

Ressurreição

Apesar de tudo, alguns poucos homens são capazes de amar. Quando amam, podem encontrar salvação. Por amar, quero dizer abrir: deixar-se penetrar.

Matias, o substituto

Domingo é péssimo dia para morrer. Sempre há, nos domingos, a expectativa de que a vida dará certo. Muitos têm folga. É permitido acordar tarde e se entregar à preguiça. Pijama e pantufas podem ser uniforme. Domingo é dos poucos dias em que vale a pena viver. Só é ruim quando o tédio chega sem convite e fica depois do almoço de restos.

Naquele domingo, o tédio ficou até o jantar. Decidiu sair para obrigá-lo a ir embora. O Facebook lembrou da banda pop cult vintage que tocaria em sabe-se lá qual lugar da cidade.

Tentou desamassar a camiseta com o ferro de passar, tomou banho, vestiu-se, perfume no pulso e no pescoço. Levou apenas chaves, celular e pouco dinheiro na carteira.

Perdeu-se no caminho até o ponto de ônibus. Novo na cidade, tudo estranho. Aliás, ele era estranho na cidade.

O trajeto do GPS foi certeiro.

– Seu destino está à esquerda – orientou a voz feminina do aplicativo. Mas nem se fazia necessário, bastava seguir o som que ecoava pela rua.

Local histórico, disseram. História que desconhecia, como tudo por ali.

Arranjou um canto no fundo. O critério para a escolha foi: esbarrar o mínimo possível em pessoas. Várias delas se espremiam no jardim do velho casarão.

Do chão, subia o aroma verde de grama pisada, misturado com úmida essência de terra molhada, que se perdia no cheiro de multidão, dessas fragrâncias incompreensíveis, quando tudo funde: cheiro de gente suada, abafado dos corpos aglomerados, perfumes que se propagam pelo ar, vapor das cervejas, fumaça dos cigarros e baseados.

Parado, sentia o cheiro da multidão e ouvia seus ruídos, que impediam de apreciar a música. Decidiu comprar cerveja para se camuflar. Copo grande na mão, cheio de stout artesanal, afinal estava em lugar de gente descolada.

Era estrangeiro ali. No país, aliás. Nascido à deriva, em águas ultramarinas. Ou melhor, no mundo. Intergaláctico. Vivia na fronteira de algum lugar indefinido. Não pertencente a parte alguma. Imperceptível, do tipo que portas automáticas se fecham e sensores não detectam a presença para acender as luzes do corredor. Não se encontrava ali. Não se encontrava em lugar nenhum. Em todo tempo impróprio, inapropriado. Sempre ele.

Em frente ao muro de samambaias, também estava perdida. Parecia japonesa, mas podia ser chinesa, talvez coreana, quem sabe até cambojana. Não importava, descendente de asiático é sempre estrangeiro, mesmo que nascido no Brasil, como ela. Olhou e a considerou bonita. O cabelo longo escondia parte do rosto, folhas e sombras faziam fundo.

Fingiu ser decidido e se aproximou. Ela disfarçou o acanhamento. Não fazia frio, nem calor. E tanto fazia se fizesse alguma coisa. Ele segurava a cerveja. Ela olhou para o copo. Ele estendeu a mão. Ela aceitou. Ele sorriu.

Ela bebeu. Ele quis saber qual o gosto. Ela devolveu o copo. Ele sorriu outra vez.

– Oi – ela disse.

– Oi – ele retribuiu.

Aproximaram-se. Encontro de línguas ao som de *Bésame Mucho* indie rock. Ele descobriu qual o gosto. Ela tinha sabor de cerveja. Ele guardou como lembrança que gostava de stout.

Ele parecia psicopata, mas era tímido. Ela aparentava ser antipática, entretanto era calada. Ambos pareciam desencaixados, e eram. Estavam perdidos na fronteira. Ele tinha cara de escritor fracassado, e era jornalista. Ela, ares de professora de artes, e era tradutora. Ele trazia marcas de espinha na pele. Ela, olheiras. Ele estava com cabelo oleoso. O dela, lavado. Ele tinha o peito vazio. Ela carregava seios fartos. Ele queria abraço. Ela também. Entregaram-se.

Enquanto todos dançavam, corpos em estado gasoso a se debater no espaço, os dois se encontraram no pré-estado da matéria, princípio de tudo: o afeto. Reconheceram-se como cães que se aceitam ao cheirar o outro. O cheiro era bom, destoava da multidão. Cheiro em primeira pessoa. Ele não era um pau. Ela não era uma buceta. Ainda que depois viessem a se divertir com pau e buceta. Naquele primeiro encontro, foram ambos.

Ela precisou ir ao banheiro. Ele ficou inquieto com a demora. Ela esperou paciente. Ele nunca vai entender o que é ser mulher e esperar na fila com a bexiga a ponto de estourar. Nunca. Mas passará a entender novas coisas com ela e a desentender tantas outras de si.

Ela voltou, dançaram, mesmo sem saber. Foi a última música e um começo.

Sete dias para o fim do mundo

Domingo
O mundo acordou sem mulheres.
Deus, em sua infinita piedade e fartos seios, redimiu a Terra e arrebatou todas as fêmeas para si. Eva, enfim, foi absolvida das culpas que nunca teve.
No mundo cessaram as cólicas. As dores de parto. Os gritos na depilação. Não mais os gemidos das mulheres estupradas. Nem o pranto das mães pobres que perderam filhos assassinados. Calou-se o silêncio das esposas espancadas. Acabou o medo de sair à noite.
O Céu se tornou filial da Ilha de Lesbos, onde as mulheres experimentam os prazeres do próprio sexo, sem serem invadidas pela violência de homens ausentes de paixão. Seus corpos livres, não mais receptáculos de sêmen, úteros abertos para a perpetuação falida da humanidade. Corpos-esculturas, curvas sinuosas para deleite estético e prazer eterno da existência. Estão as mulheres desobrigadas de todo fardo, estancadas das sangrias mensais.
Sumiram as mulheres e todas as suas imagens. Foram apagadas das propagandas de cerveja, das folhinhas nas paredes das borracharias. Extintos os retratos femininos nos álbuns de família e nas lápides dos cemitérios. Nas igrejas, os altares das santas vazios, o menino Jesus desamparado sem sua Maria. Não mais Monalisa, nem selfies das mulheres no Instagram.
Deus restituiu sua imagem e semelhança.

Na Terra, os homens acordaram tarde, assistiram ao futebol na TV e sequer se deram conta da ausência das mulheres.

Foi a tarde e a manhã do primeiro dia.

Segunda-feira
Disse Deus, lixando os pés:
— Haja luz!

E amanheceu segunda-feira. Não houve café na mesa. Professoras ausentes nas escolas. Carolas faltaram à missa das sete. Foram extintas as personagens da mãe, da irmã e da avó. Desapareceram a esposa, a puta e a enfermeira. Só havia o que restou: homens.

O noticiário alardeou o sumiço das mulheres. As hipóteses, as mais variadas: levante radical feminista, ataque alienígena, artimanha do Diabo. Mal sabiam os homens que Deus, em sua benevolência, fizera justiça.

Terça-feira
Os meninos pequenos choravam a falta do leite. Os homens adultos se enchiam do próprio leite. Sem mulheres, a Terra se tornou ambiente de excesso ou falta. Desapareceu o meio-termo. O frágil equilíbrio do Universo foi quebrado.

Como fritar ovo? O que fazer para o bebê parar de chorar? Como atender todas as ligações sem secretária? Onde estavam as camisas passadas, todas as manhãs postas na maçaneta da porta? Como tirar o cheiro de mijo do banheiro?

E viu Deus, passando creme nas mãos: o que fez era bom.

Quarta-feira
Das mulheres, apenas vestígios. Calcinhas penduradas nos boxes. Fios de cabelo entupindo os ralos. Cheiro de hidratante nos travesseiros. Panelas guardadas nos armários. Contas pagas. Dispensas cheias. Roupas balançando nos varais.

Os homens comiam enlatados. Leites de caixa. Conservas. Compotas. Frutas secas. Grãos. Molhos prontos.

Todo o mundo ficou só saudade, e não havia sequer uma fotografia para lembrar das feições femininas. Na memória dos sensatos, vagas lembranças do rosto da mãe, sem batom, nem máscara nos cílios.

Desapareceu a nudez. O corpo fácil. As pernas abertas na cama. A buceta depilada embaixo da calcinha. Os homens foram entregues à própria sorte. Abandonados aos desejos vis e egoístas. Como bater punheta sem corpo grátis? Nenhuma cabeça para empurrar para baixo forçando a chupada. Nenhuma bunda caminhando na rua.

Quinta-feira
Os homens decidiram se articular. Fez-se necessário reagir à ausência das mulheres. Realizaram plenárias e assembleias, mas inexistiram consensos. Não se ouviam, tampouco sabiam se fazer compreensíveis. Esmurravam a mesa, gritavam e não cediam. Trocavam socos, pontapés e ofensas. Batiam portas e quebravam pratos.

Era preciso manter a ordem, organizar o caos. Os diplomáticos escreveram comunicados e memorandos. Redigiram atas e protocolaram novas leis. Colocaram avisos nos elevadores, chamadas nas manchetes dos jornais. Os homens foram incapazes de abandonar os próprios caprichos para cumpri-las.

Do alto do trono celeste, Deus assistia com paciência, penteando os longos cabelos.

No coração dos homens pesava o irônico desígnio que não mais se cumpriria: "Crescei e multiplicai-vos". Pela primeira vez, tiveram medo.

Sexta-feira
Pó se acumulou nos móveis. Cachorros fediam. Flores murcharam. Não mais jardim. Nem hortas. Ou pomares. Morreram peixes nos aquários. Roupas estavam sujas. Meninos, famintos.

Os homens, cheios de rancor, não rezavam. Acostumados a serem servidos, sequer clamaram pela própria vida. Tivessem pedido clemência, Deus seria misericordioso para socorrê-los.

Em vez de preces, tiros.

Então se levantou homem contra homem, cumprindo-se a profecia do fim. Para garantir a própria existência, guerrearam, desobedecendo à ordem divina de amar o próximo como a si mesmo. Não mais família, nem pai, nem filhos, nem irmãos. Eram todos inimigos e precisavam ser combatidos.

Sábado
Não houve noite ou madrugada. O mundo sangue, e morte, e cadáveres, e destruição. Pelejaram os homens durante todo o dia, até o mais forte ficar de pé. Munido com toda sorte de armas, orgulhou-se por sua força e coragem. O maior herói, da própria jornada falida.

Olhou ao redor e se deu conta que apenas ele restou. Não era herói, mas o grande covarde que, por medo de assumir-se apenas homem, aniquilou com as próprias mãos a vida dos semelhantes.

Vagou entre os corpos com angústia de homem solitário. No silêncio da morte, reverberava o eco do coração vazio. Estava só, e isso era tudo. Não havia música, nem dança, nem peças de teatro, nem filmes no cinema, nem exposições de fotografia, nem poesias, nem cantigas de ninar, nem afagos de boa-noite, nem abraços, nem carinhos.

Para que viver?

O último homem na Terra correu o tanto que pôde até chegar ao limite da solidão. Deu o derradeiro suspiro e se lançou sem asas na ausência de sonhos. O corpo caiu no mar, devolvendo às águas a primazia da vida.

O mundo acabou sem choro; o último dos homens, em seu orgulho, foi incapaz de pedir perdão.

As cortinas se fecharam e Deus, com rodelas de pepino sobre os olhos, pôde enfim descansar.

Apocalipse

22 ¹O fim foi o começo, quando o humano ousou se rebelar contra a Natureza. Nascer é ser entregue ao castigo de existir: o princípio é o fim.

²O castigo de ser homem é carregar o peso da gravidade sobre os ombros. Saber-se inútil e tentar seguir para qualquer lugar, mesmo sem destino.

³No caminho, a queda é inevitável. Nenhum homem se mantém de pé por mais que alguns minutos. Resta recolher-se, cabisbaixo, e aceitar a derrota.

A conclusão do livro

⁴Eu, também homem, trago em mim a marca da besta. Sou igual a todos os outros e digo: tudo é pior do que está escrito neste livro.

⁵Também homem, vi e senti todas essas coisas. E, quando vi e senti, não pude senão ter vergonha. Mesmo coberto, percebi que estava nu e gritei: homem!

⁶Entendi, então, que o fim está sempre próximo. Eis a morte, vem sem demora, fazer justiça.

⁷E se algum homem desmentir qualquer palavra desta traição, seja punido pela hipocrisia da própria existência.

⁸Aqueles que negarem estas coisas sejam tomados como anátema. São eles os piores, dissimulam suas vantagens e agem com todos os tipos de violência para subjugar.

O juízo final

⁹Que o castigo de ser o que é recaia sobre todos os homens.

Este livro foi composto em Meriden, em papel chambril avena,
para a Editora Moinhos, enquanto
Gilberto Gil cantava *O canto da Ema*, em outubro de 2018.